今すぐ会社を辞めたい人の

天職診断

パーソナルタイプから導く隠れた才能の見つけ方

Shigenobu Yasuhiro

安廣重伸

KADOKAWA

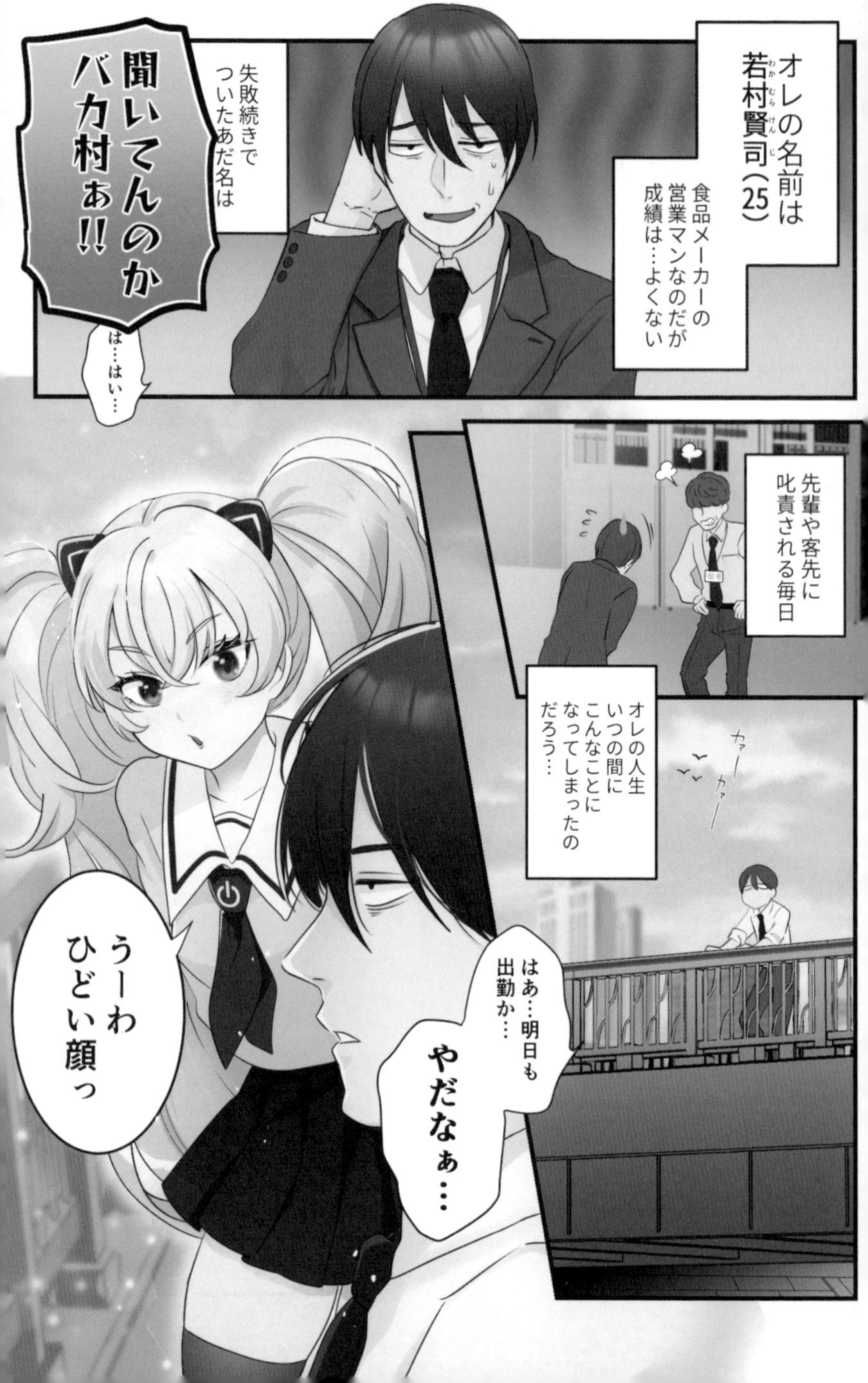
オレの名前は
若《わか》村《むら》賢《けん》司《じ》(25)
食品メーカーの営業マンなのだが成績は…よくない
失敗続きでついたあだ名は
聞いてんのかバカ村ぁ!!
は…はい…
先輩や客先に叱責される毎日
オレの人生いつの間にこんなことになってしまったのだろう…
カァー カァー
はぁ…明日も出勤か…
やだなぁ…
うーわひどい顔っ

なっ
なんだよ
キミ…！
ぐいぐい
仕事がうまくいかないんでしょ
今のままの人生で本当にいいのぉ？
うぐっ！
なぜそれを…!?
…そりゃ本当は嫌だよ
でも頑張ったって何も変わらないだろ
って…何言ってんだろなオレ…
ははっ…
変われるよ
私が変えてあげる
へ!?
ぐっ…
目…つぶって…？
えええええ!?
なんだこの展開ー!?

は？
うそ…っ
えっ
死ぬ？
なんで
マジで――？
こんな…
つまらない
人生のまま…？
い…っ
嫌だあああ！
ワァーーッ
おめでとう
ございまーす!!
パチ
パチ
パチ
パチ
パチ
パチ

ケンジさん アカデミー監督賞 おめでとうございます
……っ
…は…？
監督！今回の作品への思いをひと言ください!!
パチ パチ
…どういうことだ…？
確かに橋から落とされ死んだはず――
人間の本質を捉えて没入感を与える作品を制作したかったんです スクリーンを通して観客に僕の見てる世界を共有してもらえる機会
なんだ!? 言葉が勝手に頭に浮かんでくる！
監督ぅ♡ 一緒にお写真撮りましょーー！
きゃあ～♡
ひえええ!!
状況を整理しよう…
どうやらオレは一度死んだことで「別の世界のオレ」に**転生**したようだ
そしてこの世界では一流映画監督として名をはせている…らしい

驚いたことに記憶なども引き継がれているようで…
映画の撮り方もちゃんと頭に入っている
う～ん…
そしてもう1つ驚いたことが…
ケンジくん
どうしたのそんな隅っこで…体調悪い？
あっ平気です…じゃなくてっへへっ平気だよ！
近っ！
ならよかった
「オレ」は人気女優星野《ほしの》かんな(25)と特別な関係にあるみたいだ――
星野さんは中学の同級生で
オレは彼女のことが好きだった
？
でも自分に自信がなくて告白はできず
大人になっても彼女への思いを引きずったまま…
そう…オレが「元いた世界」では――

でもこの世界
では違う!!
星野さんっ!
ガッ
あなたが…
好きです!!
…っ!
嬉しい…
私も…
ケンジくんの
ことがずっと――
そうだ
オレはここで
やり直すんだ!
これこそが
オレの望んでいた
未来なのだから…!!

星野さん…♡
あれ!?
バシャッ
星野さんは!? 有名人だらけのパーティーは!?
残念… ここはもう元の世界よ
…!!
お前…!
さっきはよくも…!
…いやっ
今までのは全部お前がやったのか!?
なら頼むっ さっきの世界にもう一度転生させてくれ
無理
ぱしゃん
あの世界は可能性のひとつ 二度と同じ世界は構築されない
でももしアンタが望むなら

この世界でも星野かんなと結ばれることはできる
アンタが自分の才能と天職を見つけ出し大活躍すればね
なんだそりゃ……無理だよ
オレには特別な才能なんて何も…っ
ある!!
自分でまだ気が付いていないだけよ!
それにこのまま今の仕事を続けると
アンタは最悪の生涯を送るわ
ガーン
はー!?
おまっ…うそでもそんな縁起悪いこと言うなー!!
ズビシッ

うそじゃない
私の名は
ユイ
2150年代の
未来からアンタの
運命を修正する
ために来た
「チューナー」よ
TUNER
3カ月でアンタの
天職を見つけて
あげるわ
だから私の
言うことを信じて
若村賢司
何を言ってるんだ
この娘は…
チューナー？
未来から？
まさかそんな…
今のままの
自分でいいの？
――!!

変わりたい!!
オレに天職があるなら…見つけるために協力してくれ！
もちろんよ！
——こうして
不思議な少女ユイとともに
オレの人生をかけた天職探しの旅が始まったのだった——！
一緒に…頑張りましょ！

はじめに

自分に合った仕事や働き方がわからない人へ

「キミは作文がとてもうまい。小説家を目指したらどうか？」

これは、直木賞受賞作『鉄道員《ぽっぽや》』をはじめ、数多くのベストセラーを生み出した小説家、浅田次郎《あさだじろう》さんの「人生を変えたひと言」だといいます。

浅田さんは中学時代に国語教師から「作文のうまさ」を褒められたことがきっかけで、小説家を目指したそうです。言うまでもないことですが、小説家は浅田次郎さんの天職ですから、人生のターニングポイントだったと言えるでしょう。

人生は「たったひと言」で大きく動き出すことがあるのです。

これまで4000人以上の方に、天職探しのアドバイスを行ってきた「天職コンサルタント」の私にも、逆の意味で人生が一変したひと言があります。

それは、専門学校を卒業後、理学療法士として勤めていた病院のドクターから放たれた、この言葉でした。

「余計なことはするな！」

私は担当していた患者さんに、睡眠や食事などの「生活習慣」に関するアドバイスを積極的に行っていたのですが、「理学療法士は運動指導にだけ専念すればいい。余計な口出しをするな」といった主旨の苦言を呈されたのです。

暴飲暴食、寝不足、運動不足、ストレス過多など、患者さんに「生活習慣の乱れ」があると、体は思うように回復しません。こうした生活習慣のままでは、理学療法士はもちろんのこと、ドクターを含めた医療の専門家がどんなに手を尽くしても限界があります。その場で一時的に改善したように見えても、結局は再発や悪化を繰り返してしまうのです。

そのため、私は生活習慣から見直す必要性を患者さんたちに伝えていたのですが、

ドクターにとっては「余計なおせっかい」に感じたようです。

これをきっかけに、私は安定した生活を投げ捨て独立することを決意しました。ドクターの下で働いている限り、生活習慣指導やメンタルヘルスといった「根本治療の提供」は難しいと考えたためでした。そして、ここから私の人生は大きく動き始めました。

独立してから、私はますます「根本治療の必要性」を確信しました。それと同時に、「自分のお店を持ちたい」というセラピストの相談に乗る機会が増えました。「よりよい働き方」や「独立開業で成功する方法」について、「経営コンサルタント」としてアドバイスするようになったのです。

コンサル人数が1000人を超えたあたりから、私はあることに気付きました。**それはセラピストに限らず多くの方が、自分に合った「仕事」や「働き方」に出会えていないということです**。

世の中には、家庭の事情や自信のなさなど、有象無象《うぞうむぞう》のしがらみに支配されて、自分に合った「働き方」や「生き方」がわからず、もがき苦しむ方々が数えきれないほどいらっしゃいます。

私は「働き方のミスマッチによって起こる、生活習慣の乱れ」をどうにかしたいと考えるようになりました。

そして今では、心身ともに健康で幸せな人生を歩むための「天職発見」をサポートする「天職コンサルタント」という天職に巡り合いました。

多くの方に寄り添い、天職を見つけるお手伝いをする中で完成したのが「パーソナルタイプ診断」です。

この診断では「基本的な性格」だけでなく、仕事の中で「得意なこと・苦手なこと」や「どんな仕事だと、自分の強みを生かして、楽しく働けるのか」がわかります。また、あなたの才能をより発揮できる「仕事のパートナー」のタイプまでわかります。

天職とは単なる適職ではありません。豊かで満ち足りた人生を送るための必須アイテムです。

内なる欲求を理解したうえで「天職探し」をすることで、あなたの人生はプラスの方向に大きく変わります。それは「転生」と言っても過言ではないものです。

「転生」したら「天職」が見つかった！

ここで、天職を見つけたことで、人生がガラリと変わった方々の**「転生ストーリー」**を紹介しましょう（本書の転生ストーリーで紹介するクライアントさんのお名前は、個人情報保護の観点から、すべて仮名で掲載しています）。

転生ストーリー①　山本彰さん（男性・20代）

私のもとに相談にいらっしゃった山本さんは「介護福祉士」でした。介護福祉士とは、食事や入浴を1人で行えない方のサポートをする仕事です。最初は、困っている高齢者の方々をサポートできることに、喜びややりがいを感じていたそうです。

しかし、山本さんは、ほどなくして、心身の不調を覚えるようになりました。何か違う。自分の居場所はここじゃない。そんな違和感にさいなまれるようになったのです。**やがて、「このまま、ここで働き続けることはできない」「自分はもうダメかもしれない」とまで考えるようになったのだそうです。**

しかし、この仕事のために国家資格を取得したこともあり、転職に踏み出すまでには至りませんでした。自分はどうしたいのだろうと、モヤモヤした気持ちを抱える中で、私のもとに来られました。

私は山本さんのお話をじっくり聞き、**「パーソナルタイプ診断」などを受けていただいた結果、山本さんの天職は「営業」であることがわかりました。**

「介護福祉士」と「営業」。誰が見ても、まったくタイプの異なる職業です。**しかし、山本さんの性格や仕事に求める価値観、得意なこと、苦手なことなどを分析すると「営業」こそが山本さんの天職だったのです。**

「営業経験ゼロの自分が、営業に向いているなんて信じられない」

山本さんはとても驚いていました。しかし、営業として活躍している方々の話を聞

いたり、改めて自分の心と向き合ったりする中で、だんだんと山本さんの心境は変化していきました。

ほどなくして、山本さんは思い切って介護福祉士の仕事を退職しました。そして「IT系の営業職」に転職。自社で開発したWebサービスを企業に売る法人営業です。それから半年ほど経った頃、山本さんから1通のメッセージをいただきました。

「営業に転職してから、毎日がとても楽しいと感じるようになりました。給料も介護福祉士だった頃と比べて3倍もアップしています。本当に、自分自身が生まれ変わったようです。安廣さん、こんなことってあるんですね。あのとき、勇気を出して転職してよかったです！」

山本さんは、自分の天職を見つけ、充実感にあふれた幸せな人生を謳歌されていました。私自身も心が揺さぶられる、とても嬉しい報告でした。

転生ストーリー②　里田早紀さん（女性・30代）

里田さんは、小学校で教員をしていましたが、自分の意思ではなく、教師だった両親のすすめで、流れに身を任せるように、教師になったそうです。

子どもと接するのは好きだという里田さんですが、日々の教員生活が苦しくなってきました。「誰かに何かを教える」ということそのものに、やりがいを見出せないタイプだったからです。

教師である以上、「教える」という仕事に楽しみを見出せないとなれば、転職を検討するのも無理はないでしょう。こうした中で、里田さんは私のサロンにいらっしゃいました。

ここでも、私は里田さんの話をとことんお聞きしました。**そして、本書で紹介する「天職探しの6STEP」を実行していただいたところ、「Webマーケター」が里田さんの天職だということがわかりました。**大勢の前に立って、指導するような仕事よ

りも、データを分析したり、勝つための戦略を考え出したり、1人で黙々《もくもく》と目の前の仕事に取り組む職種が肌に合っていたのです。

里田さんもやはり、最初はとても驚いていらっしゃいました。しかし、Webマーケティングの世界について知るにつれて、「この仕事は私の天職かもしれない」という確信を抱くようになったそうです。里田さんは一念発起して教員を辞職し、Webマーケティングについて学べるスクールに通い出しました。**今では、Webマーケターとして、第一線でご活躍されています**。

自分が足を踏み入れたことのない「異世界」に飛び込むのは、とても勇気のいることです。足がすくむ思いがします。

うまくやっていけるだろうか？

怖い、逃げ出したい…。

山本さんも里田さんも、こんなふうに、恐怖心でいっぱいになったかもしれません。

しかし、一歩を踏み出したことで、お2人はご自身の人生を大きく塗り替えました。

勇気を出したことで、人生の幸福度が何倍にも高まりました。

天職に出会うこと――それは「転生」と言ってもよいほど、人生に大きな「インパクト」と「影響」をもたらすものなのです。

そのほかにも、こんなにも華麗に「転生」した方々がいます。

- **「コンビニのアルバイト店員」↓「カフェの経営者」**
- **「システムエンジニア」↓「経営コンサルタント」**
- **「県庁職員」↓「Ｗｅｂデザイナー」**
- **「不動産営業マン」↓「イベントオーガナイザー」**
- **「腰痛改善の鍼灸師」↓「美容サロンオーナー」**
- **「スーパーのレジスタッフ」↓「食育講師」**

・「転職を繰り返すジョブホッパー」↓「心理カウンセラー」
・「事務職」↓「Ｗｅｂマーケター」
・「アパレルショップ店員」↓「就職カウンセラー」

会社のため、家族のため、仲間のため、社会のためといった「しがらみ」を手放し、「自分は何がしたいのか」という問いとまっすぐに向き合えたとき、あなたは、あなただけの「天職」に出会うことができます。そして、幸せ、喜び、希望に満ちあふれた人生を再スタートさせることができます。

「自分の人生史上最高の天職」を見つけて、最高の人生を歩みたいと思いませんか？

あなたが少しでも、そう思うのならば、本書を読み進めてみてください。「天職探し」のヒントをお伝えする本だからです。

特に、次のような方に有益なヒントをお渡しできる本です。

・就活中だが、自分のやりたい仕事がわからずモヤモヤしている大学生
・とりあえず就職したけれど、仕事にやりがいを見出せない第二新卒の方
・仕事に楽しさを見出せず、毎日会社に行くのがつらい社会人
・仕事に一定のやりがいは感じているけれど、新しいことにチャレンジしたい方
・自分に合った「副業」を探したい方
・ゆくゆくは「独立」（起業）したいと考えている方

「天職探し」に興味がある方に向けて、本書の重要ポイントをご紹介しましょう。

【天職を探すために押さえたい重要ポイント】

①あなたの価値＝会社からの評価ではない
②天職は1つじゃない。複数ある！
③天職は6STEPで見つかる
④天職探しは「3歳のリトル」を大切にすることから始めよう
⑤天職が見つからない理由は「潜在意識」にあった！

⑥今すぐ、会社を踏み台にしよう

今の時点では、クエスチョンマークだらけかもしれません。しかし、いずれも、天職を見つけ出すために押さえておきたい「重要ポイント」ばかりです。

疑問に感じた方は、本書を読んで、これらの「真意」を確かめてみてください。

そして、本書が天職を見つけるためのヒントを与える1冊になりましたら、これ以上の喜びはありません。

本書は、食品メーカーの営業マンである「若村賢司《わかむらけんじ》」が、自分の天職を見つけ、人生を切り拓いていく漫画とともに展開していきます。賢司が大きく成長し、羽ばたいていくドラマも一緒にお楽しみください。

あなたが本当の意味で元気を取り戻し、幸福な人生を歩むためには、自分の個性と才能を爆発させることのできる天職を見つけるのが、最も大切です。

先行き不透明な世の中で「80歳になっても仕事がしたい！」と思える、**自分史上最**

高の天職を見つけましょう！

さあ、戦闘力1億ポイントを超えるための、あなただけの「天職無双ストーリー」の幕開けです！

今すぐ
会社を辞めたい人の
天職診断
パーソナルタイプから導く隠れた才能の見つけ方

目次

第2章 天職探しは「自分軸」から始まる

第3章

転生レベルの天職が見つかる6STEP

第4章 「パーソナルタイプ診断」で隠れた才能を導き出す

第5章

世界一やさしい自己肯定感の高め方

第6章

脳トレワークでネガティブ思考を書き換える

第7章

いざ、天職にジョブチェンジして人生激変！

ブックデザイン・本文図版／鈴木大輔・江﨑輝海（ソウルデザイン）
本文ＤＴＰ／エヴリ・シンク
装画・本文漫画／松野実
校正／相馬由香
編集／河村伸治
出版プロデュース／吉田浩（天才工場）
編集協力／塚本佳子・成川さやか・泊久代

第 1 章

100万回、会社を辞めたいと思ったあなたへ

いーい？ケンジ
アンタには才能がある
天職だっていくらでも見つけられるわ！
あ……はい
近い近い!!
でもさ…勢いで変わりたいなんて言っちゃったけど…
実際オレに天職なんてあるのかな…
というか天職って普通1人1つしかないものなんじゃないのか？
はぁ～…
これだから平成生まれのオジサンは…
まだオジサンじゃねーよ!!
才能は性格みたいなもので1つしかないなんてことはないし
その才能を生かせる仕事なら何でも天職になる可能性があるの

日々新しい職種が生まれ続けているのに 1つの仕事にしか才能を生かせないなんて逆にあり得ないでしょ
YouTuber
eスポーツ
ドローン操者
VR
ストリーマー
なるほど
まーどうせアンタのことだから他人とか会社からの低い評価をうのみにしてるんだろうけど
そんなこと…っ
…あるかも
ほらね
アンタもアンタのこれまで出会ってきた人もまだ「若村賢司の才能や天職」に気付いていないだけ
天職は1つじゃなくていくらでも見つけられる
まずはそこから教えてあげるわ！

天職には「譲れない3つの条件」がある

「そもそも、天職って一体どんなもの？」

こんなふうに疑問を持った方もいるかもしれません。一般的には**「天の神様から授けられた仕事」**などと言われていますが、やや漠然としています。

本書のテーマは「天職の見つけ方」ですから、最初に「天職とは何か？」について、明らかにしておきたいと思います。ここでは、私が数多くのクライアントさんと接する中でたどり着いた「天職の定義」をご紹介します。**私が考える天職は、以下に挙げる3つの条件を満たした仕事です。**1つずつ、解説しましょう。

【天職の定義】

条件① 最低限の収入（＝物理的な豊かさ）が得られる仕事

条件② 没入感（＝マインドフルネス）と充足感（＝精神的な豊かさ）が得られる仕事

条件③ 他者貢献の充実感(＝自分の存在意義)が感じられる仕事

条件① 最低限の収入が得られる仕事

言うまでもないことですが、天職は「仕事」ですから**「生きていくために必要な報酬」を得られることが「最低条件」です**。どんなに自分が得意で好きなことでも、それで生計を立てられなければ、天職からは除外されてしまいます。

一例として「特技＝歌うこと(カラオケ)」の男性を取り上げて説明しましょう。彼は、一定レベル以上の歌唱力があり、周りの友人からも「うまいね」などと、褒められていたとします。そこで彼は「カラオケで褒められているから、歌手としてメジャーデビューしたい」と考えるかもしれません。

もしも、プロの歌手になろうとするならば、ボイストレーニングなどの地道な努力に加えて、人の心に響く表現力や、ステージに響き渡る声量、幅広い声域などが必要になるでしょう。もっと言えば、人々の感情を揺さぶる声質や、人を引き付ける人間性も必要だったりします。このように、プロの歌手になろうと思った場合は、地道な

努力と天性の才能が必要です。裏を返せば、これらの要素が満たされていれば、プロの歌手として活躍できるはずです。

その際、生活費を稼げるくらいの人気があるならば、その仕事は「天職」と考えていいでしょう。たとえば、この男性の生活費が「月20万円」で、歌手の活動で月収20万円ほど稼げるようになれば、その仕事は天職です。

ここで補足として1点、知っておいてほしいことがあります。それは**「本当に好きな仕事なら、すぐに稼げなくても続けてみるのも手」**ということです。つまり、好きな仕事なら、満足に生活費が稼げないからといってあきらめず、自分の可能性を信じて、鍛錬を続けるのも〝1つの道〟ということです。職種によっては「下積み時代」というものが存在します。たとえ天職だとしても、すぐに結果が出るとは限りません。

先ほどの例で言えば、歌手は長い下積み時代を経るケースが多いと言えます。一例として、歌手のＬｉＳＡ《リサ》さんが挙げられます。ＬｉＳＡさんと言えば、アニメ『鬼滅《きめつ》の刃《やいば》』の主題歌『紅蓮華《ぐれんげ》』や『炎《ほむら》』などの大ヒットによって、その名が広く知れ渡るようになった日本を代表する歌手です。彼女は２００８年の冬に、21歳で岐阜県から

上京しましたが、なかなかヒットに恵まれなかったそうです。

6畳ほどのワンルームには、家具家電が一切なく布団だけ。唯一のごちそうは、100円ショップで売られている瓶詰のなめ茸だったとか。そんな生活を送っていたLiSAさんが、約10年後、日本を代表する歌手の1人になるなんて、本人すら想像しなかったのではないでしょうか。

しかし、LiSAさんが自身の才能の開花をひたむきに信じ、才能をみがき上げ、地道にボイストレーニングを行い、あきらめずに努力してきたからこそ、歌手として大成功を収めることができました。

このように、本当に自分が好きな仕事ならば、時間がかかっても投げ出さず続けることで、道が開かれることも少なくありません。むしろ、99%の人が途中であきらめる中で、投げ出さないことこそが才能と言えるのです。

歌手のように、天職と言える域まで達するのに時間がかかる仕事は、世の中にたくさんあります。だからこそ、あなたが本当に好きな仕事ならば、すぐに稼げないからといってあきらめず、副業や趣味で続けながら、天職として花開くときを待ってみるのも1つの手だと、私は考えています。

条件② 没入感と充足感が得られる仕事

「生活のための報酬が得られる」だけでは、天職としては不十分です。**天職は、自分の人生を実り多き豊かな人生に導くために存在しているからです。** この点は、天職の定義として、特に強調したいポイントです。

楽しくて時間が経つのを忘れるくらい「没頭」でき、幸せな気持ちで満たされるような仕事を探してみてください。**つまり、「没入感（＝マインドフルネス）」や「充足感（＝精神的な豊かさ）」が得られる仕事であることが、天職の「2つ目の条件」です。**

ちなみに、ここでいう没入感＝マインドフルネスとは**「今、この一瞬、一瞬に集中している状態」**のことを指します。スポーツの場面では「ゾーン」や「フロー状態」と表現されます。**天職かどうか判断する際、必ず確認してほしいのが「マインドフルネスになれる仕事かどうか」です。**

マインドフルネスというと「禅とかで言われる『無の境地』でしょ？　それって難しくない？」などと言われることがあります。**しかし、マインドフルネスは、無心に**

なることではありません。何か1つのことだけに没頭したり、集中したりする状態を作ることです。たとえば、子どもが遊びに夢中になっているのもマインドフルネスですし、スポーツや作業などに集中していたら、それもマインドフルネスです。ですから、無心になるよりも、実はずっと簡単なことなのです。

マインドフルネス状態になっているとき、私たちの頭の中には、自分をかき乱す悩みや雑念が一切なくなります。**歩くなら歩く、筋トレするなら筋トレをする、歯をみがくなら歯をみがくといった具合に、目の前のことに〝全集中〟の状態になっています**。この状態になると、人はとても心が安定し、満たされるのです。

自分が必要なときにいつでも「マインドフルネス状態」になれる人は、ストレス耐性が高いということがわかっています。**また、感情のコントロール力が高まり、自己肯定感が見違えるように高まることも報告されています**。

グーグル、アップル、ヤフー、メルカリ、メタ（旧フェイスブック）、インテルなど、誰もが知る大手企業でも社員のパフォーマンスを高めるために取り入れられています。結果、企業の業績も高まっているのです。それくらい、マインドフルネスの効果は絶大です。

「天職＝マインドフルネス状態になりやすい仕事」です。天職を見つけた人の1日はあっという間なので、遅くまで仕事をしてもエネルギーで満ちあふれています。もちろん、あまりに仕事に没頭し過ぎて、休息を忘れて体調を崩す人もいますから（私もたまにそうなります）、適度な休息が必須なのは言うまでもありません。

さて、マインドフルネスについて簡単に説明してきましたが、一例として「ウエディングプランナー」という職業が天職だった場合について考えてみましょう。

ウエディングプランナーは、新郎新婦の要望を聞いて、満足度の高い結婚式をプロデュースする仕事です。ウエディングプランナーであれば、たとえば次のような場面で、没入感や充足感を得られることが多いのではないでしょうか。

●「没入感」を感じるとき

新郎新婦をはじめ、結婚式に参加するゲストも感動するような演出のアイデアを考えているとき

●「充足感」を感じるとき

新郎新婦、ご家族、ゲストが心から感動し、「一生の思い出」になるような結婚式をプロデュースできたとき

これらはあくまで一例ですが、天職には必ず「没入感」や「充足感」が感じられる場面があります。もしも、充実感や、やりがいを感じる場面がほとんどなく、「つまらない」「早く定時になってほしい」などと感じることが多いのであれば、それは天職ではありません。

私は、仕事を通じて、精神的に充実感や幸福感を感じられる人のことを**「セロトニン・ワーカー」**と呼んでいます。セロトニンは、別名「幸せホルモン」とも呼ばれる神経伝達物質です。セロトニンが分泌されると、精神的に安定したり、心身がリラックスしたりします。セロトニンによってストレスが軽減し、睡眠の質が向上することも知られています。

どんな仕事も山あり谷ありですから「セロトニンを放出しっぱなし」というわけにはいかないでしょう。**しかし、天職を探すならば、ひと時でも、セロトニンが放出さ**

れる仕事を選ぶべきです。仕事探しをする際には、その点をしっかりと見極めてみてください。

よく、生活するための仕事のことを「ライスワーク（＝ごはんを食べるための仕事）」などと言いますが、ライスワークでは人生の幸福度はなかなか上がりません。

時間が経つのを忘れるくらい充実した瞬間がある**「ライフワーク（＝自分の人生（life）の中で、追求し続けたい仕事）」**を探してください。それが、あなたの人生を好転させる有力な手段です。

条件③ 他者貢献の充実感が感じられる仕事

天職かどうかを判断するときには、「誰かの役に立っている充実感（＝自分の存在意義）」が感じられるか否かもチェックしてみてください。なぜならば、他者貢献につながらない仕事は、潜在意識レベルで、あなたの心が「拒否反応」を示し、精神をすり減らしていくことが多いからです。

事例を1つ挙げますので、一緒に考えてみましょう。

たとえば、次のような求人があったとします。

【職種】営業職
【仕事内容】不動産投資用のマンションを販売する
【給　与】月給40万円＋インセンティブ
【ボーナス】通常４カ月（業績に応じて変動あり）
【社会保険】完備
【年間休日】１２０日
【福利厚生】会社が所有するリゾートホテルの宿泊券（５日分）を提供

営業職に強い興味がある人や、バリバリと稼ぎたい人ならば「なかなか好条件の求人だな」と感じるかもしれません。しかし、この不動産仲介会社に、次ページのような側面があったら、あなたはどう感じるでしょうか。

・「高利回りだから必ず儲かる」「絶対に利益が出る」といった営業トークで、強引に物件購入をすすめる
・劣悪な立地条件や築年数の古さから「満室経営」が難しいマンションを、相場の1・5倍で売りつける
・顧客から寄せられたトラブルやクレームの対応は行わない
↓
「顧客の利益」は無視。ひたすら「会社の利益」を追求する！

ここまでひどい会社があるかはわかりませんが、「倫理的にまずい会社だな…」と感じるのではないでしょうか。私だったら絶対に応募しません。たとえ、生活に困窮していて、今の3倍の報酬がもらえるとしても、多くの人はこのような会社を選ばないはずです。

ただし、ここで重要なのは「倫理的な問題」だけではありません。実は、**他者貢献につながらない仕事は「脳」という物理的な場所にも問題が起こります。**

私たち人間は「潜在意識」や「集合意識」という、普段は自覚できない意識の中で「人の役に立ちたい」「喜ばれたい」「人から感謝されたい」という願望を持っていると言われています。

それにもかかわらず「他者貢献につながらない仕事」をしてしまうと、本人に自覚はなくとも、脳内ではアドレナリンやコルチゾールといった「ストレスホルモン」の分泌量が増大します。その結果、うつ病などの精神疾患や、生活習慣病を引き起こす可能性が上がると考えられます。

少しでも「この会社のやり方には同意できない」と感じるのならば、すみやかに逃げてください。そしてぜひ、「誰かの役に立っている」という他者貢献の実感が得られる仕事を選んでください。それこそ、あなたが仕事を通じて充実感ややりがいを感じるうえで欠かせないことであり、天職を見つけるためのカギです。

まとめ

天職の条件は「最低限の収入・没入感・他者貢献」の3つ

環境次第で「凡人」にも「天才」にもなれる

「あの人は仕事ができる。それに比べて、私はなんてダメな人間だ」「なんでいつもミスばかりしてしまうんだ。自分が恥ずかしい…」

誰しも、こんなふうに、自分のふがいなさに落ち込んだり、自分を責めたりしたことがあるのではないでしょうか？　「それどころか、今まで100万回くらい、会社を辞めたいと思ったよ！」なんて言葉も聞こえてきそうです。

しかし、できない自分を責めたり、落ち込んだりするのは「今日限り」で終わりにしてください。会社からマイナスのレッテルを貼られたとしても、一切気にする必要はありません。「ふーん、そうなんですね」と受け流してください。**なぜならば、「自分が輝ける仕事内容」や「働き方」は、千差万別だからです。決して「会社の評価＝あなたの価値」ではないのです。**

病院勤務の「理学療法士」から、個人サロンを経営する「セラピスト」へ転身し、セロトニン・ワーカーに！

私は29歳まで「理学療法士」として病院に勤めていました。生理学・解剖学・心理学・脳科学などの医学全体を網羅的に学べるため、患者さんの「根本治療」に貢献できるセラピストに近付ける気がしたからです。

自画自賛するようでお恥ずかしいのですが、入社してしばらくの間は、職場や患者さんからの評価はすこぶる高く「理学療法士は天職だ！」と思っていました。

担当している患者さんの痛みが取れたり、体の動きがよくなったりして、無事に退院される姿を見るのは本当に幸せな気持ちでした。また、ドクターや看護師など、他職種の方々との連携がうまく取れていたこともあり、入社4年目には先輩の理学療法士を差し置いて、役職を任されたりもしていました。

その一方で、苦手な業務もありました。日々の事務作業や、学会の資料作りなどの、いわゆる「オフィス業務」です。そこも先輩の力を借りたり同期に相談したりするこ

とで徐々にコツを覚え、最終的には学会で優秀賞を得ました。理学療法士は間違いなく私の「天職」でした。

しかし、入社6年目くらいで、状況がガラリと変わりました。それは私が、根本治療を追求し、食事や睡眠、メンタルに関しての指導を積極的に行うようになったからです。すでにお伝えしたとおり、ドクターからは「余計なおせっかい」と言われ、徐々に周りのスタッフからも煙たがられるようになったことで、退職に至りました。

入社6年目以降の私の働きぶりを、当時のドクターが「A〜Eランク」で評価したら「Cランク（=平凡）以下」だったことでしょう。

しかし、それは「その病院での評価」に過ぎません。少なくとも私は、当時の患者さんたちに対してベストを尽くしたと今でも思っていますし、会社からの評価に執着せず、独立したことに後悔はありません。

仮に病院での評価を優先して、大人しくドクターの指示に従っていれば、リハビリ科のトップになれたかもしれません。**ですがそれは、治療家としての自分の才能を**

〝殺している〟のと同じです。生活費は稼げても、幸せにはなれなかったでしょう。

もし、あなたが過去の私と同じように、職場からの評価に悩んでいるならば、自分がイキイキと輝ける「職場」や「働き方」を探してみてください。

あなたの本来の価値は、会社の評価とはまったく関係ありません。**あなたの価値が最大限に発揮できる場所は、この世界に必ずあります。**

「はじめに」でお伝えしたとおり、私は会社を退職し、メンタルケアや食事の指導も行う「総合治療セラピスト」として、第二の人生をスタートさせました。その結果、人生の幸福度が、2倍、3倍と高まったことは言うまでもありません。

悩みを抱えているクライアントさんと向き合い、自分の力で心身の回復をサポートさせていただけることは、私にとって何物にも代えがたい〝幸せ〟でした。私は、独立し、自分の整体院を持つことで「セロトニン・ワーカー」になれたのです。

「スーパーのレジスタッフ」から、全国引っ張りだこの「食育講師」へと華麗なる転身

自分の才能や個性を生かせる場所で幸せになった方の事例は、ほかにもたくさんあります。**太田美穂さん（女性・30代）は、２人のお子さんを育てながら、スーパーのレジスタッフとして働くパートタイマーでした**。彼女は、仕事に対して、やりがいや充実感が得られず、将来に対しても不安を抱える中で、私のサロンにいらっしゃいました。

はじめて太田さんにお会いしたとき、私は太田さんに天職を探すアドバイスをしませんでした。なぜなら、彼女にうつ症状が見られたからです。

私は**「まずは、太田さんが元気になることから始めましょう」**と声をかけました。**メンタルに不調を抱えている限り、天職探しはうまくいきません**。

まずは、メンタルを整える「食事」についてアドバイスしました。添加物の多い食品を極力避けたり、バランスのよい食事を心がけたりすることで、ホルモンバランス

が整い、うつ症状は改善しやすくなると考えられます。

このアドバイスをきっかけに、太田さんの人生は大きく動き出しました。うつ病を克服したことはもとより、**食事を変え、ホルモンバランスが整っていく中で、明るくておしゃべりな性格に変わっていったのです**。自分自身の変化を目の当たりにした太田さんは、食事と健康の関係について熱心に研究するようになりました。

そして、**太田さんは、全国から講演の依頼が殺到する「大人気食育講師」へと転身しました**。食育講師に転身後の最高月収は「70万円」だそうです。太田さんは、レジスタッフをしていたときの10倍近くを稼ぎ出す「スーパー主婦」へと生まれ変わりました。**食育講師への転身は「転生」と言ってもいいくらいのインパクトを伴うできごとだったのです**。

太田さんにとって「スーパーのレジスタッフ」は、自分の才能を生かしきれない職業でした。一方、「食育講師」は自分の才能を生かし、人生の幸福度を何倍にも高める「天職」です。太田さんは「食育」という異世界に飛び込むことで、才能をみごとに開花させたのです。

ここであなたに1つ、質問をしたいと思います。

今のあなたの仕事は、あなたを「凡人」にしますか？
それとも、あなたを「天才」にしますか？

もしも「天才にする仕事だ」と感じるのならば、今の仕事を続けてください。あなたにとって「天職」の可能性が高いからです。一方、「凡人にする仕事だ」と感じるならば、本書で一緒に天職探しを進めていきましょう。

まとめ

職場での評価が平凡以下ならば、才能を生かせる「Sランク（＝才能爆発）」の仕事が見つかっていないだけ

あなたの強みは一瞬で「お金」に変わる

あなたを天才にする仕事、それこそが「天職」です。**実は、あなたにピッタリ合った天職の場合、とても嬉しいことに、報酬がアップすることがあります。**「食育講師」に転身した太田さんのような事例は珍しくないということです。これは、様々な悩みを抱えるクライアントさんの相談を受ける中で、明らかになった事実です。

「腰痛改善の鍼灸師」から「美容サロンオーナー」に転身して年収が2倍に！

瀬谷まりなさん（女性・20代）は腰痛改善の鍼灸師でした。仕事にやりがいを感じてはいるものの、なかなか給料が上がらない現状を変えたいと思い、私のサロンにいらっしゃいました。

瀬谷さんに話を聞いてみると「美容」に対するこだわりや関心がとても高く、積極

的に自己投資していることがわかりました。メイクやネイルをするのが大好きで、おしゃれして街を歩くことに幸せを感じていたそうです。

そこで、私は**「小顔や美肌効果を提供する美容専門の鍼灸師になったら、瀬谷さんの強みを生かせると思います」**とアドバイスしました。彼女にはとても華やかなオーラがあり、目鼻立ちがはっきりしているうえに、飽くなき探究心による瀬谷さんの「美への哲学」には、大きな説得力があったからです。「美の総合プロデューサー」として活動することこそが、瀬谷さんの「天職」だと考えたのです。

この提案を聞いた瀬谷さんは「すごく楽しそう！　いいですね。ぜひ、やってみたいです」とおっしゃいました。自分自身が大好きな「美容」を生業《なりわい》にすることに、とてもワクワクしたのでしょう。

瀬谷さんの美容サロンは、ＳＮＳで火がついた後、60代のマダムの間で人気が爆発しました。その結果、顧客単価が上がり、年収も2倍にアップしました。「自分の強み」と「興味・関心・好きなこと」のかけ算で、年収アップに成功した好例です。

以上のとおり、瀬谷さんは「腰痛改善の鍼灸師」から「美容サロンオーナー」へと職業を変えることで、人生にミラクルを起こしました。

今の時代、転職は珍しいことではありません。**総務省の「労働力調査（2023年）」によると、就業者の「14・9%」が転職を希望していることがわかっています。人数にして1007万人、**「約7人に1人」が転職希望者ですから、ものすごい数字です。独立も同様です。大手人材企業である**マイナビの調査によると「41・9%」の人が独立・開業に興味のあることがわかっています**（2022年・1万8894人を対象としたアンケート調査）。

転職にせよ、独立にせよ、決して珍しいことではなくなっているのです。自分に合った職業を見つけ、イキイキとした毎日を送ること、それはとても豊かで素晴らしいことだと私は思います。あなたも、自分の「強み」と「好きなこと」をかけ合わせて、天職と出会いましょう。

まとめ

「自分の強み × 興味・関心・好きなこと」で年収は2倍にもなる

天職は決して1つじゃない。複数ある！

「天職」と聞くと、おそらく**「誰にでもあるものではないし、あったとしても1人につき1つしかない特別なもの」**と思っている方が8割以上だと思います。

しかし、それは誤解です。天職は、誰にでもあるし、1人につき「複数」存在するのが普通です。あなたは、自分では気付けていない「天職」を、両手で抱えきれないほど持っているかもしれません。

すでにお伝えしたとおり、私のキャリアは「病院勤務の理学療法士」からスタートしました。多くの患者さんから信頼され、技量もトップクラスだったため、患者さんと接しているときは、幸せな気持ちで満たされていました。**患者さんとの時間だけを切り取れば、理学療法士という仕事は、私にとって「天職」でした。**

そして病院を退職して独立後、根本治療を目指すセラピストだったときも「これは私の天職だ」と感じていました。その頃、私の年収は1500万円以上に達していま

した。その後、セラピストの独立開業を支援する「経営コンサルタント」をしていたときにFIRE《ファイア》（経済的自立による早期引退）を達成しましたが、このときも「天職だ」と思っていました。言うまでもないことですが、今の「天職コンサルタント」という職業も、まぎれもなく私の天職です。

そう、実は、どの職業も、私にとって「天職」だったのです。私の場合、少なくとも4つの天職を持っていることになります。私の職歴を見てもわかるとおり、天職は何個もあるのが当たり前なのだと理解してください。

理学療法士時代の私が「10年後、天職コンサルタントになるよ」と聞いたら、ものすごく驚くと思います。**人生、どう転がっていくかわからないものです。だからこそ、おもしろいのです。**ぜひ、あなたも、この本を通じて「まだ見ぬ天職」と出会い、「転生した」と思うくらいの衝撃にしびれてください。

まとめ

「個性」と「才能」を生かせる仕事が、もっとある！

しかも天職は永久不変ではなく諸行無常

特に知っておいてほしいのは「自分自身の成長」や「興味の矛先の変化」、また「環境」によっても天職はどんどん変化していく、ということです。

仮に、あなたの現在の天職が「プログラマー」だとしても、20年後もプログラマーを天職と感じているとは限りません。

むしろ、変わっている可能性のほうが高いのです。

たとえば、20年後はWebデザインに強い興味を抱いているかもしれません。「Webデザインの勉強をしている瞬間が、何よりも楽しい！」「新しいことにチャレンジしたい！」となれば、職種を変更することもあるでしょう。

それに、時代の変化とともに、便利で安価なサービスが開発されることもあります。そして、自分の天職だと思っていたものが、満足に稼げない仕事に転落しているかもしれません。

「フィルム現像職人」をご存じですか？　現在ではデジタルカメラが普及していますが、2000年代以前は「フィルムカメラ」が主流でした。フィルムカメラでは、1枚1枚の写真を現像するのに「現像液に浸す→定着液に浸す→水洗いする→乾燥させる」というプロセスがあり、フィルム現像を主とする職業があったのです。

しかし、デジタルカメラが普及した今、その仕事だけで食べていくのは困難です。自分自身で「フィルム現像が天職だ」と思っていたとしても、いつ、その仕事が消失するかわかりません。

プログラマーも同様です。DX時代（データとデジタル技術を通じた変革の時代）とはいえ、20年後、30年後も今と変わらず「花形の人気職業」のままなのかは、誰にもわかりません。

「AI」が代替している可能性もあります。

人間と仕事の関係は、実に多様で柔軟なものです。

「自分の天職はこれしかない」という思い込みは、今すぐゴミ箱に捨て、「自分にはたくさんの天職がある」という真実をインストールしてください。

時代の変化の中で感じる自分の心の声に従って仕事を選び取れたとき、あなたは、自分の個性と才能を生かした「天職」に出会うことができます。

まとめ

天職は、時代や自身の成長によって変化していく！

第 2 章

天職探しは「自分軸」から始まる

ゴォォォォ
よぉし！天職がたくさんあるならオレはこれから大富豪になってやる!!
……一応聞くけどなんで大富豪になりたいのよ？
えっまぁそのほうが星野さんにふさわしい気がするし何より世間的にいいかなって…
てれっ
はぁー…
あれれ？これ職場の先輩がよくする顔だ
似てる似てる
お金持ち自体がダメってわけじゃないわ
大切なのはなぜそうなりたいのかっていう理由よ
それがアンタの場合「世間から評価されたい」っていう他人軸だからダメなのよ

他人軸？
自分がどうありたいかより 他人からどう思われるかを 基準にしている考え方のこと
他人軸だと 皆が認めてくれそうな 有名企業に 就職することや
世間体のいい 仕事ばかりに執着して 「自分の才能」なんて 後回しになるでしょ
要は 天職からは 一番遠い考え方 ってことよ！
確かに… それじゃ今の 職場とたいして 変わらないしな
やっぱダメだ!! なしなし！
だったら今すぐ 自分軸を 覚えることね！
わかった 詳しく 教えてくれ!!

多くの人が自分に「うそ」をついて生きている

2019年に行われたアンケート調査（マーケティングリサーチ会社イー・クオーレ調べ）によると、約6割の人が**「今の職場に満足していない（どちらとも言えないを含む）」**と答えているそうです。あなた自身は、どうでしょうか？

うそ偽りなく、心から今の職場に「満足している！」「最高だ！」と言えますか？

私は「天職コンサルタント」として、仕事に悩みを抱えている方々へのコンサルティングを行ってきました。セミナー登壇も含めると4000人以上の方々と接してきましたが、今の職場に満足していない方はもっと多いように感じます。**実際には8割以上の方々が、なんらかの不満を抱いています。それにもかかわらず、転職や副業や起業など、現状を打開するための「一歩」を踏み出せる人はとても少ないのです。**

なぜ多くの人は、不満があるのに、一歩前へ踏み出せないのでしょうか？

様々な理由が考えられますが、大きな理由の1つは「自分の心にうそをついて生きているから」だと私は考えています。

「不満はあるけれど、今の仕事を辞めるなんて難しい。続けるしかない」と、自分の本心にふたをしています。「本当はこんなふうに生きたい」「こんな仕事をしたい」と思いながらも、一歩を踏み出すことを恐れてやり過ごしているのです。

あなた自身はどうでしょうか？　今一度、自分の心に問いかけてみてください。

実は、かくいう私自身も、学生時代は「自分の本心」にふたをしながら生きていました。「周りの大人や同級生にどう思われるか」ということばかり気にしていたのです。**言うなれば「他人軸」で生きてきました。**

「他人軸」とは、ものの考え方や価値観を、他者にゆだねてしまうことです。反対に、自分自身の考え方や価値観を優先して行動することを「自分軸」と言います。

天職を見つけるには、自分の本心に従う「自分軸」を手に入れる必要がありますが、

私自身は「自分軸」を手に入れるまでに、非常に時間がかかりました。「他人軸」で生きてきた私が、いかにして「自分軸」を手に入れたのか。その点について、お話ししたいと思います。

始まりは小学生時代までさかのぼります。私は小学生から高校生まで、バレーボール一筋だったのですが、その頃は**「絵に描いたような優等生キャラ」**でした。生まれつきの性格がそうだったわけではありません。**小学生のときのバレーボールクラブの監督が「軍隊の教官」のような先生だったからです**。

今なら大問題ですが、当時は少しでもミスをしたり、クラブの規範を破ったりしようものなら、監督の右手もしくはボールが顔めがけて飛んでくるのが日常茶飯事でした。そのため、練習や試合に向かう電車に乗りながら、いつも**「この電車、止まらないかなぁ。事故が起これればいいのに…」なんてことを考えていました**。まるで「ブラック企業に勤めるうつ病寸前のサラリーマン」です。

小学6年生のときに全国大会で準優勝できたのは嬉しいできごとでしたが、当時の私にとって「試合に勝つこと」以上に「監督に怒られないこと」のほうが嬉しかった

というのが本音です。

こうした中で、私は無自覚に「他人軸」を身に付けてしまったのです（誤解がないようにお伝えしますが、監督には心の底から感謝しています。仮に、私が漫画の主人公のように「転生」したとしても、このときの監督にもう一度バレーと情熱を教わりにいきます。これは私の偽りない本心です）。

中学でもバレーに没頭し、高校も日本代表選手を輩出する名門校に入学しました。入学した直後は優等生らしく、同学年ではキャプテンのような立ち位置でチームに貢献していました。

しかし、しばらくして「アタック」や「サーブ」といった基本的なプレーが、どういうわけかできなくなってしまったのです。最初は「体の問題」だと思いました。小学生の頃から無理なトレーニングや練習を続けてきたため、体のあちこちに痛みが出ていたからです。しかし、どれだけ腕のよい整体師に施術してもらっても「肝心な場面になると動きがおかしくなる」という症状は、治りませんでした。

体ではなく**「脳の問題」だったからです**。

今ならプロスポーツ選手も思う「イップス（＝思いどおりのプレーができなくなる、脳・神経の運動障害）」と判断できますが、当時の私にはそんな医学的知識はありません。「自分の体や心が弱いせいだ」と自分を責め続けました。

しかし、気合と根性でイップスが改善することはありません。むしろ余計にミスを連発していった私は、しだいに眠れなくなっていき、食事をする度におなかを下すようになりました。おそらく、その頃には「うつ」や「パニック状態」に陥っていたのだと思います。

何の解決方法も見つからないまま、私はレギュラーから外され、ベンチメンバーからも外されました。高校最後の試合では、観客と同じ応援席で、メガホンを叩いて必死で仲間を応援しました。しかし、健闘虚しく試合に敗れ、私のバレーボール人生も終わりを告げました。その瞬間、**悔しくて、情けなくて、その場から消えてしまいたいほどの無力感を覚えた一方で、これまで感じたことのない「強烈な安心感」が込み上げてきたのです**。

私はそこで、ようやく自分の「本心」を理解しました。

本当はこれ以上頑張りたくなかったのです。
他人の顔色を伺い、ミスする度にビクビクおびえる自分でいることにうんざりしていた。そのことに気付いたのです。

この体験をきっかけに「自分の本心はどこにあるのか」「本当は何をしたいのか」を、自分自身に問いかけるようになりました。**その結果、自分の中に「自分と同じように心や体の問題で苦しむ人を減らしたい。根本治療を提供できるセラピストになりたい」という、新たな夢があることに気が付きました**。それからほどなくして、私は「理学療法士」という天職を見つけることができたのです。

もし私があのまま「他人軸」で生きていたら、今のように幸せな人生を手にすることはなかったでしょう。人は自分の都合で、意見や評価をコロコロ変えます。他人軸で生きると、他人の気分に振り回されて生きることになります。

あなたは「自分軸」で生きていますか？
それとも「他人軸」で生きていますか？

もし「幸せに生きていくこと」に興味があるなら、自分軸で生きてください。そして、自分の本心と真正面から向き合ってください。

天職探しは、自分の本心と向き合い、正直になることから始まるのです。

あなたの心の声は、どんなメッセージを発信していますか？　その言葉に、ぜひ、耳を傾けてみてください。

まとめ

「他人軸」で生きている限り、天職は見つからない

「天職なんてない」と否定するドリームキラーは誰か？

「やりがいのある仕事なんて、才能のある人だけができることでしょ」
「転職しても、結局どこも大して変わらないよ」
「給料が下がる可能性もあるし、現実的には難しくない？」

やりがいの感じられる仕事を見つけたいと言うと、パートナーや恋人、同級生や同僚、兄弟など、年齢や関係が近い人から、このようなリアクションが返ってくるケースが少なくありません。その結果、副業や起業へのモチベーションを失い、断念する人も多いのです。昨今は、若い世代を中心に、副業や転職への関心が高まっていますが、実行する人は少ないのが現状です。

中でも、転職や副業に対して、最もアレルギー反応を起こすのは妻（または夫）です。

「夫婦の場合、生活をともにしているので、収入が下がることや、子育てへの参加率が落ちることを危惧《きぐ》するのだろう」と思われたかもしれません。しかし、実はそれはあくまで「建前《たてまえ》の理由」に過ぎません。

妻が反対するケースで、これまでいちばん多かった「本音の理由」はこれです。

「仕事や仕事関連の勉強ばかりしてないで、私のことをもっとちゃんと見てほしい」

本人は、仕事のやりがいが高まる天職に就くことで、仕事の能率が上がり、精神的にも豊かになることを期待しています。ゆくゆくは起業し、経済的な豊かさを手に入れて、家族に還元したいという思いを抱いているかもしれません。

しかし、この場合の妻は、現時点で生活できるだけの収入があるなら、仕事や生活スタイルが変わることを望んでいないことが多いのです。**それよりも夫や子どもと「気持ちを共有する時間」を持ちたいと考えている人が大多数でした。**その結果、価値観の不一致が起こってしまうのです。

このように、夫にとって最も強力なドリームキラーは妻というケースがとても多い

のです。

乗り越えるには様々なアイデアがありますが、1つは夫が妻に対して、普段から言葉・態度・行動で、誠意や感謝を伝えることです。これは逆もしかりです。

家事や育児に積極的に関わること、夫婦の時間を作ること、取引先よりも妻の幸福度を高める努力をすること。「いつもありがとう。助かっているよ！」ときちんと言葉で感謝を伝えること。これらがとても大切です。この点は、コンサルティングでもしばしばお伝えしているポイントです。

相手を思いやり、感謝の言葉が自然に出るようになったとき、「ドリームキラー」は「最高の応援者」に変わるはずです。

まとめ

ドリームキラーはあなたの誠意ある言動によって「最高の応援者」に変わる

収入の高さと幸福感は必ずしも比例しない

転職先を決める際の条件に「収入アップ」を挙げる人は少なくありません。**収入よりも「やりがい」や「スキルアップ」を目指す人が多いと思われる20代ですら、「給与・年収」を転職理由のトップに挙げる人が多いのです**。

一般的に日本人は、お金を「卑《いや》しいもの」と捉える風潮があるため、人前で堂々と「お金が欲しい」と口にする人はほとんどいません。

しかし、実は多くの人が「もっとお金が欲しい」と考えています。サラリーマン時代の私であれば「超わかる！」と共感するでしょう。

しかし、日本では「年収2００万円」もあれば、じゅうぶん安全な生活ができるとも言われています。サラリーマンの多くは年収2００万円を超えていますので、転職理由の1位が「給料アップ」なのは、違和感を覚える向きもありそうです。

なぜ、日本人の多くは「年収アップ」を望むのでしょうか？

大きな理由の1つは、生活するお金はあるけれど**「もっと幸せを感じたいので、もっとお金が必要」**ということです。私のコンサルティングを受けた方の多くは、この理由を挙げていました。具体的なお金の使い道としては、以下が挙げられます。

車／マイホーム／おしゃれなレストランでの食事／旅行／スポーツ／美容／ファッション／ゲーム…

中には、老後の貯蓄を増やすためにお金を稼ぎたいとおっしゃる方もいました。今より収入を増やすことで「安心感」や「高揚感」を得て「幸せを感じたい」という意味では同じような理由です。

つまり、「収入を上げたい」と考えている方の多くは「幸せになること」に対して高い関心があるのです。

では「幸せ」になるためには、どのくらいの収入があればよいか「具体的な年収」をご存じでしょうか。

「お金はあればあるほど幸せなんじゃないの？」と思われた方もいるかもしれません。**実は「そんなことはない」というのが答えです**。

2015年にノーベル経済学賞を受賞したアメリカ・プリンストン大学のアンガス・ディートン教授が、年収と幸福度の関係について2008〜2009年に調査した結果によると、年収が7・5万ドル（約800万円）を超えると、それ以上収入が増えても、収入と幸福度の相関があまり見られなくなるそうです。私自身の経験としても「年収600万円くらいあればじゅうぶん幸せ」というのが、行きついた答えでした。

私の場合、事業開始直後こそはお金に困りましたが、2年で年収1500万円となり、サラリーマン時代と比べたら収入は約5倍になりました。その結果、サラリーマン時代の5倍の幸福感が得られたかというと、答えは「ノー」です。

当時の私は、整体院の経営、経営コンサル、セミナー講師、イベント運営など幅広

く活動し、1日約18時間、年間350日くらい労働していました。いちばん忙しいときは「月に1、2回しか妻と一緒に食事できない」という状況でした。

そのような生活を続けていたある日、妻から「こんな関係は夫婦とは言えない。私はあなたの家政婦ではない」と、泣きながら言われました。

その頃の私は、充実感も収入もじゅうぶん得られていましたし、微力ながら社会貢献もできていたと思います。天職をまっとうしていたことは間違いありませんでした。

にもかかわらず、幸福度は著しく低く、仕事に没頭するあまり「夫婦としての健全な人間関係」を失っていたのです。つまり、トータルとしての幸福度は、年収300万円の頃よりも低い瞬間があったということです。

年収1500万円だった頃の私は天職をまっとうしていたとは言え、収入源のほとんどが「自営業収入」だったため、「お金を得るには自分が動くしかない」という状況でした。そして、働けば働くほど、家族との時間が犠牲になっていったのです。

仮に、投資家や経営者など、「自分以外の人の力を借りてお金を稼ぐ」という働き

方であれば、家族との時間を犠牲にせず高収入を目指すことが可能であり、その場合は目標年収を高くしても、まったく問題ないと思います。

とはいえ、サラリーマンもしくは自営業といった形で働かれる方が多いと思います。そのため、収入の高さに注目し過ぎるのは注意が必要です。あなたが不幸を感じるほど働いてしまうのは、それが仮に天職であってもおすすめしません。「働き過ぎによる時間の損失」には、じゅうぶんに注意しましょう。

生活費や最低限の貯蓄をする分の収入は必要ですが、そこから先は、年収の高さよりも「自分自身の幸福度」に注目してください。そこに天職が隠れているはずです。

まとめ

高収入によってもたらされる「代償」にも目を向けよう

幸せへの近道「ジャストサイズ」とは？

前項では「年収800万円以上の場合、収入の高さと幸福度に相関関係はほぼない」とお伝えしました。**だからと言って「収入なんて一切気にするな！」という意味ではありません**。

たとえば、家賃が毎月30万円のタワーマンションに住んでいて、2人のお子さんを私立中学校に通わせているご家庭ならば、世帯年収1000万円以上は必要でしょう。個々の生活状況によって、必要な年収は異なるということです。

また、「1000万円以上の年収を目指すと幸福度が下がる」という主張でもありません。

実際に、私が過去にコンサルティングした方の中には、「やりたい仕事」を通じて年収1000万円以上を得つつ、家族とのプライベートの時間も確保している人もいます。天職を見つけ、圧倒的な努力をし、理想の人生を手に入れたのです。

しかしながら、そういう方はごく少数派です。**一般的にはそこまでの年収は必要な**

いというのが私の考えです。どうしても、大切な家族や友人との時間、そして自分自身のプライベートの時間が犠牲になりやすいからです。

あなたは銀座テーラーをご存じですか？　銀座テーラーは、オーダーメイドスーツを仕立てる世界的に有名な専門店で、日本中の著名人やVIPに愛されています。

なぜ、銀座テーラーのようなオーダーメイド専門店は、「一着数十万円」する価格でも、VIPからの注文が途絶えないのでしょうか？　**それは、1人ひとりの顧客が美しく映える「自分サイズ（＝ジャストサイズ）」の服を仕立ててくれるからです。**

自分の体にフィットしたスーツには、量販店の「大量生産スーツ」にはない「着心地のよさ」があります。顧客の品格も上げてくれます。それが、熱烈なファンを生み出し、時代を超えて愛される理由です。

「ジャストサイズ」を目指すべきなのは、衣服だけではありません。

私たちの仕事も「ジャストサイズ」を目指すべきなのです。

「幸せな人生を送りたいならば、自分にとって心地いい〝自分サイズの仕事〟を見つけよう」

これは、私が多くの方々にお伝えしている最も重要な〝人生哲学〟です。たとえば、以下のような人物がいた場合、あなたはどう思うでしょうか？

・大手外資系企業の「営業部」のプレイングマネージャー
・営業成績は3年連続トップ
・年収3000万円
・アナウンサーと入籍予定

おそらく、多くの人が「うらやましい！」「その人生、入れ替わりたい！」と、ため息を漏らすのではないでしょうか。しかし、自分と他人を比較して嘆くのは、まったく意味のないことです。**なぜならば、「他人の幸せそうな仕事」は、「自分にとっても幸せな仕事」とは限らないからです。**

確かに、年収3000万円という部分だけを見ればうらやましい限りですが、「残業が月200時間」で「土日も休みなし」だったらどうですか？　「仕事だけに人生を費やすのはイヤだ。それなら、プライベートな時間が多い今の自分の人生のほうがいい」と思う人もいると思います。

あなたにはあなただけの「ジャストサイズの幸せ」があるのです。

自分にフィットした等身大の「幸せのサイズ」や「幸せな働き方」を見つけられたとき、あなたは本当の意味で満ち足りた人生を送れるようになります。

あなたの人生において、本当に大切な〝価値あるもの〟はいったい何ですか？

あなたが幸せになるために、本当に年収のアップは必要ですか？

改めて、ご自身の心に問い直してみてください。知っておいていただきたいのは、**お金は幸せを手に入れるためのアイテムでしかない**ということです。**お金そのものが、あなたの人生を豊かにしてくれるわけではありません**。

「自分サイズの人生」は、以下の3つの質問と向き合うことで見えてきます。人と比べず、心の声に耳を傾け、あなたサイズの「人生スーツ」を採寸してみてください。

【自分の「人生サイズ」を確認する3つの質問】
・「あなたは何をしているときに心が躍りますか？」（感性への問い）
・「どれくらいのお金が必要ですか？」（収入に対する問い）
・「どれくらいの休暇が必要ですか？」（自由に対する問い）

そして、もう1つ、お伝えしたいことがあります。それは「まずは、その世界に飛び込んでみよう」ということです。実際にその世界に飛び込んでみないことには「自分に合っているかどうか」はわかりません。

私の場合、理学療法士の働き方も、最初の頃はフィットしていましたが、病院を辞めてからの働き方が、さらに「ミラクルフィット」していました。**たとえるならば、毎日でも着たいと思える「最高の一着」に出会ったときのような最高の気分です**。私の元来の性格として「自分がよいと思ったことはトコトン学びたい。さらに、誰かの

役に立つことならば、まっすぐに伝えたい」というタイプだったからだと思います。

世の中には「どうせ自分には無理だ」「似合わないから」と思い込み、「試着室」にすら入らない人が多過ぎるように思います。そんな方には、**「似合わないにせよ〝似合わないこと〟をちゃんと確認しよう」**と伝えたいのです。あなたにとって「最高の一着」は、試着室でフィッティングしないと確かめられません。

まずは「試しにやってみる」という気軽な気持ちでいいので、新しい仕事にチャレンジしてみませんか？ その勇気ある第一歩こそ、「転生した」と思えるほどの天職に出会うために不可欠なことです。

まとめ

「他人のスーツ」ではなく「自分サイズのスーツ」を着よう

天職のヒントは「つらい経験」に隠れている

天職を見つけようとするとき、振り返ってほしいことがあります。それはあなた自身が経験した「つらい過去」です。これまでに経験したつらいできごとの中にこそ、あなたが天職を見つけるためのヒントが隠されています。

人間関係に悩み、繰り返し転職した経験を生かし「人の心に寄り添う心理カウンセラー」に

私のサロンにいらっしゃった天野詩織さん（女性・30代）は、20代から転職を繰り返しており、1つの職場で長く働けないことを悩んでいました。

よくよくお話を聞いてみると、中学時代にいじめられた経験があり、その影響からか、社会人になっても人の目を気にしてしまい、自分の意見をはっきりと伝えるのが苦手とのことでした。

めんどうな仕事を押し付けられたり、自由に休みが取れなかったりなどの、嫌がらせを受けやすく、徐々に職場に行きにくくなり、転職を繰り返していました。

私はまず、第6章で解説する「インナーチャイルド」や「マインドフルネス」のワークを彼女に実施しました。**これらのワークで潜在意識を書き換えることで、自己肯定感が高まるからです**。それから、適職を導き出す「パーソナルタイプ診断」などを実施しました。その結果、**「人間関係に悩んでいる人の心に寄り添うカウンセラー」**になるのが天野さんの天職であることがわかりました。

いじめに遭った体験や、職場の人間関係で悩んできた天野さんだからこそ、悩んでいる人たちにできるアドバイスがあります。

天野さんにとって、これ以上ない天職でした。自己肯定感が高まった現在では、転職せず、今の職場で働きながら、副業としてカウンセラーを続けています。

このように、天職のヒントは、自分の「つらい経験」の中に隠れていることが少なくありません。

経営コンサルタントであれば、お金で苦しんだ経験がある人のほうが、より役立つ

アドバイスができます。
コールセンターのカスタマーサポートであれば、顧客からとんでもないクレームを受けた経験が多い人のほうが、抜群の対応力があるものです。
どんなつらい経験も、その経験が「唯一無二」であればあるほど、大きな強みに変わります。

あなたには、どんなつらい経験がありますか？　そして、そのつらいできごとを、どのように乗り越えましたか？　ぜひ、振り返ってみてください。

あなたがつらいできごとを乗り越えた経験の中に、ほかの人が喉から手が出るほど欲しい「メソッド」が隠れているのです。

元プロバスケットボール選手であるマイケル・ジョーダンが語ったとされる、有名な言葉があります。ジョーダンは、シカゴ・ブルズの6度の優勝に貢献し、年間MVPに5度選出されている「バスケットボールの神様」です。

「もし相手が、私を弱点だと考えているほうへ追い込んできたら、私はその弱点を『強み』に変えるため努力するだろう」

ジョーダンは「弱みがあるのならば、それを『強み』に変えてしまえ」と考えているのでしょう。**超えられそうにない「壁」や、自分を追い詰める「弱み」の中にこそ、自分を強くするチャンスがある――そんな力強い偉人の言葉には、心が大きく揺さぶられます**。この考えを、天職探しにも生かしてみてください。

まとめ

ふたをしたい「苦い経験」の中に「天職の種」が隠れている

第3章

転生レベルの天職が見つかる6STEP

ここまでわかれば次はいよいよ天職を見つける「具体的なSTEP」を教えてあげるわ！
よぉしドンとこい!!
ただし1つ注意点
すべてのSTEPは必ずアンタの「本心」で取り組むこと
いいわね？
本心？どういうことだ？
この時代にもすでにたくさんの自己分析や適職診断のプログラムがあるけど
多くの人はそこで出てくる仕事や価値観についての質問に
「こう答えるべきじゃないか」っていう建前で答えてしまうの

しかもそれを本人は自覚していないことがほとんど
それじゃ天職なんて見つからないわ
ありのままのアンタで答えてね
わかった…オレはこれから本心をさらけ出す
ガタンッ
早速だが…ユイ
お前さっきからオレの金で食べ過ぎだっ!!!
うるさいわね真剣に教えてるとおなか空くのよ
カラッ☆
あっスミマセーン！焼きプリンパフェおかわりください❤
おいいいいいいい!!

「天職の羅針盤」で自分史上最高の天職を見つけよう！

「海賊王に おれはなる!!!」

これは、累計発行部数が5億部を突破している大ヒット漫画『ワンピース』の主人公、モンキー・D・ルフィの名ぜりふです。「ひとつなぎの大秘宝（ワンピース）」を見つけ出し、「海賊王」になるべく、主人公のルフィが、仲間たちと航海を続ける海洋冒険ロマンです。

物語内で、航海をするために欠かせない「重要アイテム」があります。それは「羅針盤《らしんばん》」です。次の島への進路がわかる道具で、別名「ログポース」とも呼ばれています。『ワンピース』のオープニング曲『ウィーアー！』には「羅針盤などいらない」といった主旨の一節もありますが、ルフィたちは「グランドライン」の新世界まで羅針盤を使って航海していました。

羅針盤は、向かうべき方角を示してくれる〝かけがえのないアイテム〟です。**私は**

自分史上最高の天職を見つける6STEP

STEP 1	「欲求分析ワーク」を行う	
STEP 2	「パーソナルタイプ診断」で適職を知る	
STEP 3	メンタルを整える	「リトル」と向き合う 潜在意識を書き換える
STEP 4	2回目の「パーソナルタイプ診断」を行う	
STEP 5	「未来図」を描く	
STEP 6	天職に就くための準備	

海賊だけでなく、天職を探すうえでも、自分が進むべき方向を示す「羅針盤」のようなものが必要だと思っています。

それが上記の「自分史上最高の天職を見つける6STEP」です。人生を捧げたいと思えるほどの没頭感があり、幸福感で満たされる仕事に出会う方法をまとめた**「天職の羅針盤」**です。

この6STEPに沿って、仕事に対する価値観や自分の本心を見つめ直すことで、あなたの天職が見つかります。本章では、この6STEPについて解説します。第4章以降は、ここで解説したSTEPの中でも、詳しい説明が必要な項目

を個別に解説していきます。
「人生100年時代」が到来しようとしている今こそ、あなたが心から愛せる自分史上最高の天職を探す旅に出かけましょう！　天職が見つかれば、人生100年時代を〝順風満帆〟で航海できます。

まとめ

「6STEP」で誰でも自分の天職に出会える！

「欲求分析ワーク」を行う

天職を探すための1つ目のSTEPが**「欲求分析ワーク」**です。これは**「人生で満たしたい欲求」を知るワークです。**

【6つの欲求タイプ】
- **平穏タイプ**　「安心・安全で穏やかな生活がしたい」欲求
- **刺激タイプ**　「興味のあること、好きなことに挑戦したい」欲求
- **所属タイプ**　「人とのつながり、絆を深めたい」欲求
- **承認タイプ**　「特別な存在として認められたい」欲求
- **自己実現タイプ**　「自分を高めて目標を達成したい」欲求
- **自己超越タイプ**　「人や社会の役に立ちたい」欲求

実は誰もが、先に挙げた6つの欲求のいずれかを「自分の人生で実現したい」と願っています。その欲求を満たすことが「人生で叶えたいこと」であり「人生の幸せ・喜び」なのです。

たとえば、「大好きな人と心安らげる家庭を築くことが人生の幸せ」という人は「平穏タイプ」の可能性が高いと言えます。この欲求タイプの場合、チャレンジや冒険をするよりも「昨日と同じ平穏な1日」を過ごせることに、大きな幸せを感じます。

このように「人生で満たしたい欲求は何か」を明らかにするのが、「欲求分析ワーク」の目的です。

ここで「なぜ、天職を探すために『人生で満たしたい欲求』を知る必要があるのか？自分の仕事観さえわかればいいのではないか？」と考えた方もいるでしょう。

結論を言えば「人生観」が幹であり、「仕事観」は枝葉だからです。「どう生きていきたいか」という人生観（＝人生の欲求）が先にあり、そのエッセンスが「仕事観」に落とし込まれます。そのため、仕事に対する価値観だけを見つめるのではなく、「人生の欲求」を丸ごとあぶり出すことが必要になるのです。

たとえば、「欲求分析ワーク」の結果、人生の欲求が「人や社会の役に立ちたい」という「自己超越タイプ」だった場合、プライベートでは自分の特技を生かしたボランティアなどに励むことで、満足度が高まります。仕事においては「介護・福祉・教育」など、誰かの役に立っている実感を強く感じられる職種に、大きなやりがいを感じます。このように、内なる欲求が理解できれば、人生の目的がわかり、天職探しのヒントも得られるというわけです。

それでは早速、「欲求分析ワーク」にトライしてみましょう。このワークでは、あなたの本音をさらけ出し、正直な気持ちを書いてみてください。

まとめ

STEP1の重要ポイント
「天職探しは〝内なる欲求の理解〟から始まる」

欲求分析ワーク

質問項目	欲求分析 該当するものに○を付ける （最大3つ）
1. 現在の幸福度は、100点中何点？ （今年の平均点を記入してください） 点	
2. 得点の理由は？ （よい面を記入してください）	平穏・刺激・所属・承認・自己実現・自己超越
3. 減点の理由は？ （イマイチな面を記入してください）	平穏・刺激・所属・承認・自己実現・自己超越
4. 今日人生が終わるとしたら、何を後悔する？ （やり残していることを記入してください）	平穏・刺激・所属・承認・自己実現・自己超越
5. 今まででいちばん、感動した思い出は？ （瞬間的に興奮したことを記入してください）	平穏・刺激・所属・承認・自己実現・自己超越
6. 今まででいちばん、充実していたのはいつ？ （ある程度の期間、喜びを感じていた時期）	平穏・刺激・所属・承認・自己実現・自己超越
7. 今まででいちばん、つらかった思い出は？	平穏・刺激・所属・承認・自己実現・自己超越
8. やってよかった（選んでよかった）と思うことは？	平穏・刺激・所属・承認・自己実現・自己超越
9. 夢が1つだけ叶うなら、何を叶えたい？	平穏・刺激・所属・承認・自己実現・自己超越
10. 将来「こんなふうにはなりたくない」と思うのは、どんな人生？	平穏・刺激・所属・承認・自己実現・自己超越

11. もし生まれ変わるなら、次はどんな人生を歩みたい? (有名人、漫画のキャラクターなど人間以外でも可)	平穏・刺激・所属・承認・ 自己実現・自己超越
12. 未来はどんな世界・社会だったらよいと思う? (個性が尊重される、大人がイキイキしているなど)	平穏・刺激・所属・承認・ 自己実現・自己超越

集計

平穏タイプ	「安心・安全で穏やかな生活がしたい」欲求	個
刺激タイプ	「興味のあること、好きなことに挑戦したい」欲求	個
所属タイプ	「人とのつながり、絆を深めたい」欲求	個
承認タイプ	「特別な存在として認められたい」欲求	個
自己実現タイプ	「自分を高めて目標を達成したい」欲求	個
自己超越タイプ	「人や社会の役に立ちたい」欲求	個

いちばん多かった欲求
(あなたが人生に求める欲求タイプ)

タイプ

記入が終わったら、「欲求分析」を行いましょう。分析の方法は簡単です。質問2〜12の回答を見て「6つの欲求のどれに近いか」を直感的に選んで○を付けるだけです。1つに絞れない場合は、各質問に対して最大3つまで選択して構いません。
集計した結果、最も多かったものがあなたの「欲求タイプ」です。よくわからない方は、次ページの記入例を参考に取り組んでみてください。

欲求分析ワーク 【記入例】

質問項目	欲求分析 該当するものに○を付ける (最大3つ)
1. 現在の幸福度は、100点中何点? (今年の平均点を記入してください) 60 点	
2. 得点の理由は? (よい面を記入してください) 自分の好きなことができている	平穏・(刺激)・所属・承認・(自己実現)・(自己超越)
3. 減点の理由は? (イマイチな面を記入してください) 収入がともなっていない	(平穏)・刺激・(所属)・承認・自己実現・自己超越
4. 今日人生が終わるとしたら、何を後悔する? (やり残していることを記入してください) 家族との時間をたくさん過ごし、いろんな場所に行くなど、もっと楽しいことがしたかった	平穏・(刺激)・(所属)・承認・自己実現・自己超越
5. 今まででいちばん、感動した思い出は? (瞬間的に興奮したことを記入してください) 部活で目標だった大会で優勝したこと	平穏・(刺激)・所属・承認・(自己実現)・自己超越
6. 今まででいちばん、充実していたのはいつ? (ある程度の期間、喜びを感じていた時期) 今年の3月 (開業という1つの目標をやり切って達成した)	平穏・(刺激)・所属・承認・(自己実現)・自己超越
7. 今まででいちばん、つらかった思い出は? 父親を亡くしたこと	平穏・刺激・(所属)・承認・自己実現・自己超越
8. やってよかった(選んでよかった)と思うことは? 理学療法士という仕事を選んだこと(父のアドバイス)	平穏・刺激・所属・(承認)・(自己実現)・(自己超越)
9. 夢が1つだけ叶うなら、何を叶えたい? 家族と世界1周旅行をしたい	平穏・(刺激)・(所属)・承認・自己実現・自己超越
10. 将来「こんなふうにはなりたくない」と思うのは、どんな人生? 自分の気持ちにうそをついて、誰かに従って生きていく人生	平穏・(刺激)・所属・承認・(自己実現)・自己超越

11. もし生まれ変わるなら、次はどんな人生を歩みたい？ （有名人、漫画のキャラクターなど人間以外でも可） 日向翔陽（『ハイキュー!!』の主人公）	平穏・(刺激)・(所属)・承認・(自己実現)・自己超越
12. 未来はどんな世界・社会だったらよいと思う？ （個性が尊重される、大人がイキイキしているなど） 皆がやりたいことをやって生きていける社会	平穏・(刺激)・所属・承認・(自己実現)・(自己超越)

集計

平穏タイプ	「安心・安全で穏やかな生活がしたい」欲求	1 個
刺激タイプ	「興味のあること、好きなことに挑戦したい」欲求	8 個
所属タイプ	「人とのつながり、絆を深めたい」欲求	5 個
承認タイプ	「特別な存在として認められたい」欲求	1 個
自己実現タイプ	「自分を高めて目標を達成したい」欲求	7 個
自己超越タイプ	「人や社会の役に立ちたい」欲求	3 個

いちばん多かった欲求
（あなたが人生に求める欲求タイプ）

刺激 タイプ

【記入例】では「刺激タイプ」という分析結果が出ました。**自分の「興味があること」や「好きなこと」に向かって挑戦しているときに、喜びを感じる人だと判断できます。**天職を探す際には「自分の刺激欲求を満たせる仕事なのか？」を吟味すれば、天職に巡り合える確率が高まります。「いちばん多かった欲求」が2つ以上ある場合（同点1位の場合）は、それらを満たす仕事を探してください。**欲求分析は、あなたの根源的な欲求を明らかにできるツールです。**ぜひ、参考にしてみてください。

「パーソナルタイプ診断」で適職を知る

続くSTEP2では「パーソナルタイプ診断」を行います。

パーソナルタイプ診断は「基本的な性格」だけでなく、仕事の中で「得意なこと・苦手なこと」や「どんな仕事だと、自分の強みを生かして楽しく働けるのか（＝適職は何か）」などが、すべて丸裸になる診断テストです。

日本では「エゴグラム」などの性格分析テストが有名ですが、パーソナルタイプ診断では適職までわかります。この診断方法は、私がこれまで天職コンサルティングを行った方のデータをもとに、独自開発したものです。

パーソナルタイプは全部で8つあります。「診断方法」や「各パーソナルタイプの特徴」は、第4章で詳述します。

①プロモーター（提案者）
②クラフター（探求者）
③インフルエンサー（発信者）
④プロデューサー（運営者）
⑤プランナー（供給者）
⑥サポーター（献身家）
⑦エデュケーター（指導者）
⑧スポンサー（後援者）

全部で60個の質問に回答して、パーソナルタイプを導き出すのですが、ときおり「診断結果にピンとこない」「しっくりこない」ということがあります。**理由としては、自己肯定感が低く、質問に対して「自分の本心」で回答していないため、診断結果に「ズレ」が生じていると考えられます**。

そのようなときは、自己肯定感を高める必要があります。「STEP3」で、メン

タルを整える2つのワーク（「リトル」と向き合う／潜在意識を書き換える）に取り組みましょう。それから、2回目のパーソナルタイプ診断を行ってください。きっと、納得のいく診断結果が得られるはずです。

一方、パーソナルタイプ診断の結果に納得できる場合、あなたは、自分の本心をしっかりとさらけ出せていると考えられます。天職探しをするためのコンディションが整っている状態です。

そのため、STEP3の「メンタルを整える」とSTEP4の「2回目の『パーソナルタイプ診断』を行う」は飛ばしてOK。すぐにSTEP5の「『未来図』を描く」ワークに進みましょう。

まとめ

STEP2の重要ポイント
「パーソナルタイプ診断は、日本で有数の『本音の回答』に重点を置いた適職診断」

「天職探し6STEP」の進め方

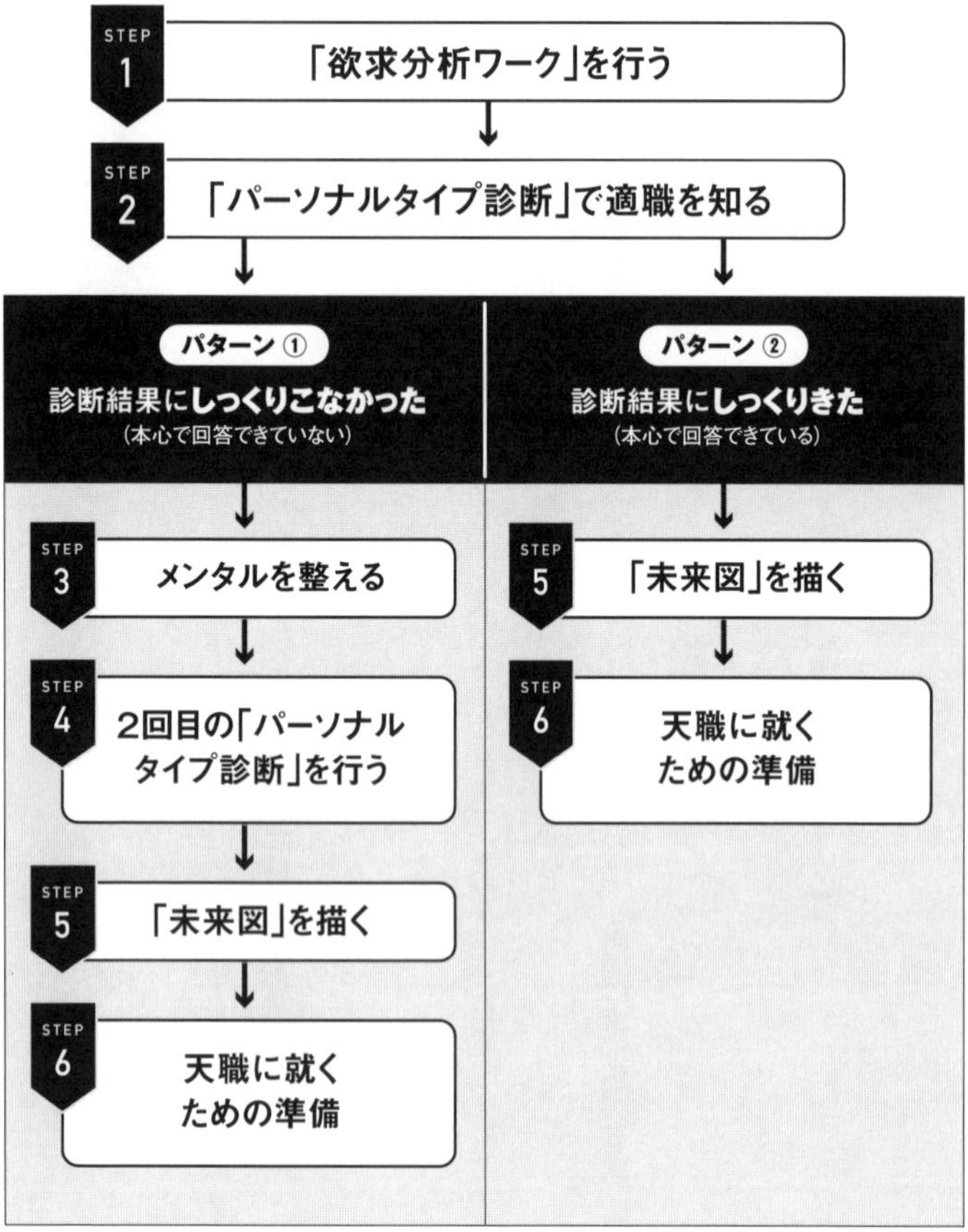

STEP 3

メンタルを整える

ＳＴＥＰ３で取り組みたいのはメンタルを整えて**「自己肯定感を向上する」**ことです。

これまで、様々な方のコンサルティングを行ってきましたが、「自分には天職なんてない」と信じている方がものすごく多いのです。それでは天職は見つかりません。多くの人が、自己肯定感の低さが原因で、道に迷っています。

そこで「天職が見つからない」根本問題を解決するために、自己肯定感を高め、メンタルを整えるワークを開発しました。具体的には、以下の２つです。

【ＳＴＥＰ３で取り組む「メンタルを整える」２つのワーク】
ワーク①「リトル」と向き合う
ワーク②潜在意識を書き換える

ワーク①「リトル」と向き合う

1つが「リトル」と向き合うというワークです。

リトルとは、あなたの中にいる「3歳の自分」です。たとえ、今あなたが25歳だとしても、40歳だとしても、私たち人間の中には、一生「3歳の頃の自分」が同居し続けます。私は、この「3歳の自分」のことを、「リトル」と呼んでいます。

リトルとは、簡単に言えば「自分の本心」のことです。本心なので、やりたいこととやりたくないことがはっきりしています。

基本的には、やりたくないことからは「逃げ出したい」と考えており、「自分が好きなことだけをしていたい」と願っています。

私たちが「早起きしたくない」「ゲームで遊んでいたい」「仕事をしたくない」「おやつを食べ続けたい」などと思うのは、あなたの中のリトルが暴走しているからです。**あなたが「怠け者」「わがまま」だからではありません。**

私たちは、物事をスマートに進められない自分のことを「自分は怠け者なんだ」「ダ

メな人間なんだ」と責めてしまいがちですが、それが自己肯定感を下げる原因になっています。

そのため、まず自分の中には本心という「3歳児と変わらない自分（＝リトル）」が存在していると捉え、そのリトルと上手に付き合うことを意識しましょう。それこそが、自己肯定感を上げる第一歩となります。

リトルとの正しい向き合い方を知れば、自分に「ダメな部分」があったとしても「ま、いっか」と軽く受け流せるようになります。ありのままの自分を素直に認められるようになるのです。それが、自己肯定感の向上につながります。

第5章では、「リトル」と向き合い、「リトルの自分」を認めるワークを解説しています。このワークに取り組んで、自己肯定感を高めましょう。

ワーク②潜在意識を書き換える

「リトル」のワークとともに取り組みたいのが「潜在意識を書き換える」脳トレです。

潜在意識とは、人間の意識の95％を支配している「自覚できない意識・願望」のこと

です。この潜在意識を書き換えることで、あなたは自分の本心をさらけ出し、前向きな気持ちで「天職探し」を進められます。

方法は、全部で3つ。あなたのパーソナリティに応じて、いずれかを選んで実践します。詳しくは第6章をご覧ください。

【潜在意識を書き換える3つの方法】

①「今」を意識する(マインドフルネス)

②「未来」を意識する(マインドセット)

③「過去」を意識する(インナーチャイルド)

まとめ

STEP3の重要ポイント

「自己肯定感が高い人のほうが天職に出会いやすい」

STEP
4

2回目の「パーソナルタイプ診断」を行う

STEP3の「リトル」と「潜在意識」のワークでメンタルが整ったら、2回目の「パーソナルタイプ診断」を行います。

人によっては、1回目のパーソナルタイプ診断と異なる結果になるはずです。たとえば、1回目のパーソナルタイプ診断では「プロモータータイプ」だったけれど、2回目の診断では「プロデューサータイプ」になった、などです。

こういった場合、**2回目の診断結果である「プロデューサータイプ」が、あなたの本来のパーソナリティです**。天職探しに生かすべきは「2回目の診断結果」です。こちらの結果を参考にしてみてください。

まとめ

STEP4の重要ポイント
「2回目の診断結果が本当のあなた」

STEP 1
STEP 2
STEP 3
STEP 4
STEP 5
STEP 6

STEP 5

「未来図」を描く

続くSTEP5では、天職探しのための「計画」と「準備」について解説します。

【未来図を描くワーク】
❶「欲求分析ワーク」の結果(105ページ)を書き出す
❷「パーソナルタイプ診断」の結果(135ページ)と、両隣のタイプ(145ページ)の適職を書き出す
❸❷の適職の中で、❶の「欲求タイプ」と合致する仕事を探す
❹「現状の自分」と「未来の自分」を書き出す

STEP1、STEP2(もしくはSTEP4)の診断結果をもとに天職を探します。今の自分の仕事、年収、得意なこと、苦手なこと、チャレンジしてみたいこと、

叶えたい夢などを書き出します。

ワークを通じて「自分の天職」が見つかり、天職に就くために「やるべきこと」が明らかになるため、自信を持って前進することができます。

「段取り八分、仕事二分」という言葉をよく耳にしますが、何ごとにおいても綿密に計画を立てるのは大切なことです。それは、天職探しでも同じです。

成果の8割は、綿密な計画にあり。天職を見つけるためには、計画と準備は欠かせないのです。

まとめ

STEP5の重要ポイント
「天職への近道は綿密な計画にあり」

STEP 6

天職に就くための準備

最後のSTEP6では、STEP5で見つけた天職に合わせて、実際にその職業に就くために具体的な行動を起こします。

【天職に就くための準備】

①「ロールモデル・コーチ・チームメイト」を見つける
②天職に就くための就活と離職のポイントを知る

特に重要なのが①の**「ロールモデルを見つける」**です。ロールモデルとは「お手本となる存在」のことです。

「楽しめそうだ」「自分に合っていそうだ」という直観はとても大切ですが、実際にその世界に飛び込んでみると「何か違う」となることもあります。

そのため、すでに「自分の天職」と同じ職業に就いているロールモデルを見つけ、話を聞いてみることが大切です。ロールモデルの話を聞くことで、リアリティを持って「仕事内容・魅力・つらさ・やりがい」などをイメージできるようになります。それが、自分に合った仕事かどうかを判断するための材料になります。詳しくは第7章で解説します。

まとめ

STEP6の重要ポイント
「ロールモデルを見つけて話を聞きに行く」

第4章

「パーソナルタイプ診断」で隠れた才能を導き出す

ケンジの家
天職が見つかる6STEPは頭に叩き込んだ！
さぁユイプログラムを始めてくれっ!!
むぐむぐ
こぇ食べたらねー
おぉい！いつまで食ってんだぁ！
これじゃ天職を見つける前に破産しちまうって…
なぜオレがこんなことを…
人生救ってあげるんだからプリンぐらいごちそうしなさいよ
それにあわてなくてもパーソナルタイプ診断を使えば……
ヴゥン…!!
ブォーン
あっという間なんだから！
おぉっ！
これがSTEPに書いてあったヤツか！
ここから出てくる質問に答えていけば天職が見つかるんだな!?

正確に言うと
ここで見つかるのは
「天職領域」だけどね
天職…
りょういき？
天職っていうのは
大きく見ると
8つの領域に
分かれていて
今回の診断では
ケンジがどの領域に
該当するかを調べるの
ごちそーさま。
最初から1つの職業に
絞ろうとし過ぎると
逆に見つかりづらいから
まずは自分の
天職になる領域を
正確に理解する
ことが先決ね！
ブゥン…
わかった
それならここで
領域ってヤツを
見つけて一気に
前進だ!!
それじゃ
いくわよ！
天職領域《パーソナルタイプ》診断
開始!!

自分の中に眠っている「天才」と出会う方法

STEP2の「パーソナルタイプ診断」では、以下の3つが明らかになります。

【パーソナルタイプ診断でわかる3つのこと】

・どのような性格なのか？
・得意なこと／苦手なことは何か？
・どんな仕事だと、自分の強みを生かして、楽しく働けるのか？（＝適職は何か？）

この3つがわかることで「どんな仕事が天職になりそうか」がわかります。**自分が気付かずに見過ごしている「才能」や「個性」を見つけるためのヒントを導き出すのが「パーソナルタイプ診断」なのです。**

‖天職と適職の違い

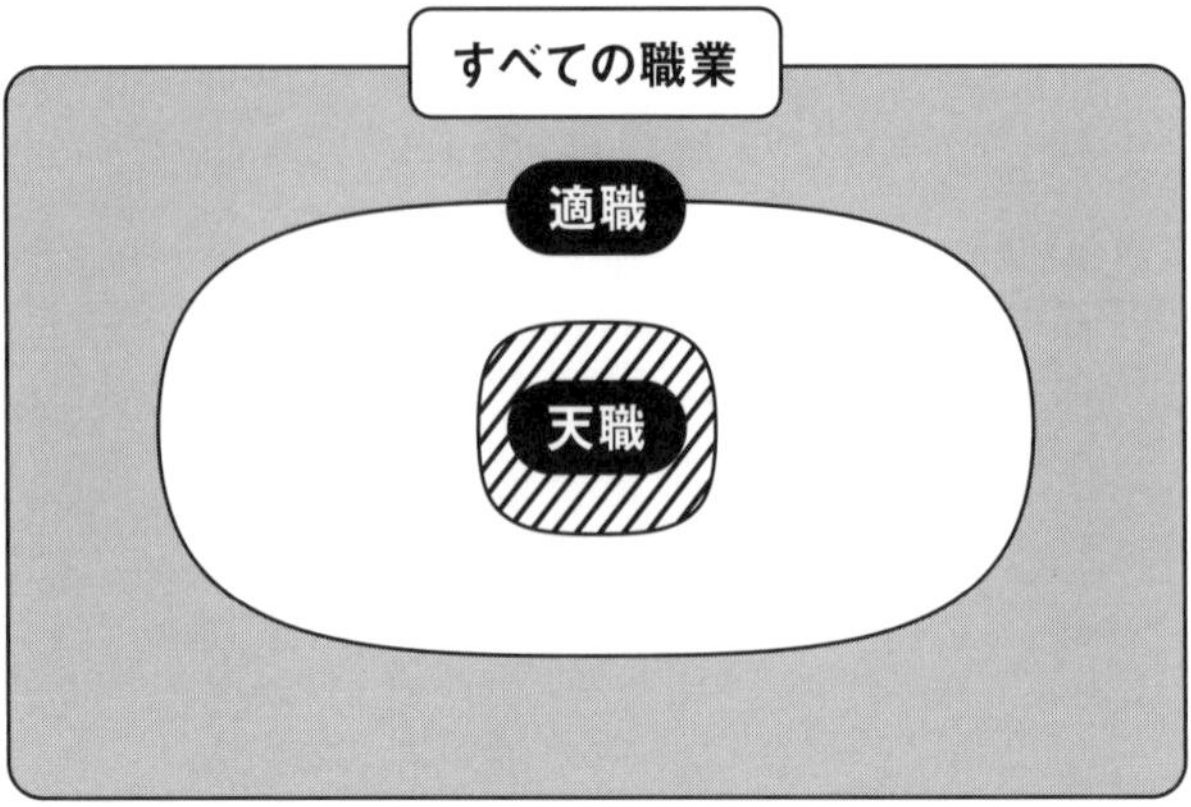

たとえば「サポータータイプ」は、裏方として、顧客にトコトン尽くす献身家です。特に、顧客の悩みを傾聴し、問題解決することにたけています。一方、顧客満足を無視した、過剰なノルマが課せられるような職場だと、パフォーマンスを発揮できない傾向があります。

そのため、事務、秘書、通訳、オペレーター、カウンセラーなどが「向いている可能性の高い代表的な職業」と言えます。

このように、パーソナルタイプがわかることで、適職がわかります。それが、天職を探す際のヒントになるのです。

経営学者であるピーター・ドラッカー

が語ったとされる名言に次のようなものがあります。

「未来を語る前に、今の現実を知らなければならない。人は現実からしかスタートできないのだから」

まずは、自分自身のことを知る。それが、とても大切なことなのです。

なお、ここで注意しておきたいことがあります。パーソナルタイプ診断でわかるのは、**ピンポイントの「天職」ではなく、天職を含む、ある程度幅のある「適職」**ということです。

「適職」は、あなたに向いている可能性の高い職業です。そこに、前章で明らかにした「欲求タイプ」を加味することで、「天職」がより明確になります。

まとめ

自分が気付いていない「才能・個性」を知ることが大切

「パーソナルタイプ診断」で適職を調べてみよう！

パーソナルタイプは全部で8種類あります。これからご紹介する「パーソナルタイプ診断」を行うことで、あなたの適職がわかります。

診断方法は簡単です。6つの項目「信念」「愛情」「集中」「拡大」「前衛《ぜんえい》」「後衛《こうえい》」ごとに設定された10個の質問に対して（計60問）、1〜5の該当する回答に○を付けるだけです。

第3章でも説明しましたが、「診断

8つのパーソナルタイプの概要

① プロモーター	「私にお任せください」	自分や商品に自信を持っている「提案者」
② クラフター	「職人技をお見せします」	1つのことをトコトン突き詰める「探求者」
③ インフルエンサー	「全員ご注目ください」	高い表現力で注目を集める「発信者」
④ プロデューサー	「この場は私が取り仕切ります」	冷静に指揮をとる「運営者」
⑤ プランナー	「お困りごとはありませんか?」	問題解決に使命を感じる「供給者」
⑥ サポーター	「いつでもお声がけください」	特定の相手にトコトン尽くす「献身家」
⑦ エデュケーター	「ともに高め合いましょう」	成長のきっかけと愛情を与える「指導者」
⑧ スポンサー	「陰ながら支えます」	縁の下の力持ちとして皆を支える「後援者」

結果にピンとこない」「しっくりこない」という場合は、**自己肯定感が低く、質問に対して本心で回答していないため、診断結果に「ズレ」が生じていると考えられます。**

また、回答3の「どちらとも言えない」の数が全体の1割（6問程度）以上になった人も、意識している・していないにかかわらず、自己肯定感が低い、自分の本心をさらけ出していない可能性があります。

これらに該当する人は、「STEP3」でメンタルを整える2つのワーク（「リトル」と向き合う／潜在意識を書き換える）に取り組んだ後に、もう一度パーソナルタイプ診断を行ってください。

それでは早速、始めてみましょう。

まとめ

パーソナルタイプ診断で「性格・強み・弱み・適職」が一発でわかる！

パーソナルタイプ診断

質問

それぞれの質問に対して、1～5の該当する数字に○を付けてください。

信念

	1 そう思わない	2 あまりそう思わない	3 どちらとも言えない	4 ややそう思う	5 そう思う
(1) 行きたいところには1人でも抵抗なく行ける					
(2) 自分の意見がとおらないとやる気が落ちる					
(3) 宝くじで100万円が当たったら主に自分のために使う					
(4) 他者の都合に合わせて行動するのは苦手だ					
(5) 自分の意見をハッキリ言わない人を見るとイライラする					
(6) 自分の幸せを追求すれば結果的に大切な人の幸せにも貢献できる					
(7) 仕事の理想は「自分がやりたいこと」で社会貢献することだ					
(8) 自分は「芯が強い」または「わがまま」だ					
(9) 自分は負けず嫌いだ					
(10) 同僚や同級生の成功を素直に喜べない					

○を付けた番号を足した合計点数　　点

愛情

	1 そう思わない	2 あまりそう思わない	3 どちらとも言えない	4 ややそう思う	5 そう思う
(1) 相手の気持ちや立場に寄り添わない人を見るとイライラする					
(2) 自分と正反対の意見もすぐに受け入れられる					
(3) 「自分が何をしたいか」よりも「どうすれば相手に喜ばれるか」を意識している					
(4) ボランティアや地域の活動、チャリティーイベントに強く興味がある					
(5) 困っている人を見かけると思わず助けてしまう					
(6) 自己満足のためだけにお金や時間を使うのはもったいない					
(7) 自分は「気遣い上手」または「八方美人」だ					
(8) 人との競争はたとえ自分が優位であってもしない					
(9) 大切な人の幸せを追求すれば結果的に自分も幸せになれる					
(10) 大切な人が喜んでくれるなら自分の信念にはこだわらない					

○を付けた番号を足した合計点数　　　　点

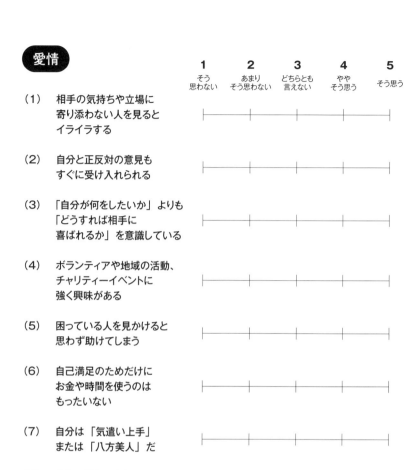

集中

	1	2	3	4	5
	そう思わない	あまりそう思わない	どちらとも言えない	ややそう思う	そう思う
(1) 時間を忘れるほど集中することがよくある					
(2) 「有名人」になるよりも「達人」になりたい					
(3) 気に入った人に対してはえこひいきする傾向がある					
(4) 自分の役割以外の仕事は極力やりたくない					
(5) 万人受けする仕事より一部の人から支持される仕事がしたい					
(6) 専門家や職人と呼ばれる仕事に強く興味がある					
(7) 疲れているときは1人で過ごしたい					
(8) 困ったとき、誰かに相談やお願いをするのは苦手だ					
(9) 一度決めた目標は簡単にはあきらめない					
(10) 好きなジャンルの動画を観るとき「登録者数」や「再生回数」は気にしない					

○を付けた番号を足した合計点数　　　　点

拡大

	1	2	3	4	5
	そう思わない	あまりそう思わない	どちらとも言えない	ややそう思う	そう思う
(1) できれば様々な業種や役割を経験したい					
(2) 世の中の流行にはわりと敏感だ					
(3) 「大人数に影響を与える仕事」を想像するとワクワクする					
(4) 全体の状況を見ながら動いていることが多い					
(5) 自分が苦手なことは得意な他者に頼るほうがいい					
(6) その場の状況によって目標や手段を柔軟に変更する					
(7) 基本的に誰に対しても公平な態度を取っている					
(8) 成功者や著名人に興味があり、そうなるための勉強を積極的に行う					
(9) 1人でいるよりも気の合う人と一緒にいることで元気になる					
(10) SNSの発信は積極的でフォロワーやリアクションが増えると嬉しい					

○を付けた番号を足した合計点数　　　　点

前衛

	1 そう 思わない	2 あまり そう思わない	3 どちらとも 言えない	4 やや そう思う	5 そう思う
(1) 会話のスタートは自分から話しかけることが多い					
(2) 確実に達成できることより難易度の高いことに挑戦するほうがワクワクする					
(3) リーダーシップは高いほうだ					
(4) 新しい友達を作るのはそんなに難しくない					
(5) 接客やサービスの仕事は自分に向いている					
(6) 表情や仕草を見て相手の考えていることがだいたいわかる					
(7) 過去にとらわれずこの先どうするかを考えるのが得意だ					
(8) 事務作業やルーティン業務は正直退屈だ					
(9) 派手な服装もわりと着こなせる					
(10) 失敗してもあまりクヨクヨしない					

○を付けた番号を足した合計点数　　　　点

後衛

	1 そう思わない	2 あまりそう思わない	3 どちらとも言えない	4 ややそう思う	5 そう思う
(1) 誰かをサポートまたはマネジメントする仕事は得意だ					
(2) 事前準備やリスク管理が得意だ					
(3) コツコツと作業するのは得意だ					
(4) 実現できそうな目標を定めたほうがやる気になる					
(5) 仕事は「いかに得点するか」より「いかに失点しないか」が重要だ					
(6) 他人に対してよい面も悪い面も冷静に観察している					
(7) 人見知りで人と打ち解けるのに時間がかかる					
(8) 誰かと話すときは聞き手に回ることが多い					
(9) ノリや勢いで羽目を外すことは滅多にない（飲酒していない状況で）					
(10) 何かを決断・行動するときは念入りに情報収集する					

○を付けた番号を足した合計点数　　　　点

パーソナルタイプ診断

結果

▶ 選んだ回答の番号がそのまま点数になる。
1=1点、2=2点、3=3点、4=4点、5=5点

▶ 6つの項目ごとに、選択した番号を足して合計点数を以下に記入する。

▶「信念」と「愛情」、「集中」と「拡大」、「前衛」と「後衛」、それぞれ点数が高いほうを（　）に書き込む。

▶ 点数が高かった3つの項目の組み合わせで、あなたのパーソナルタイプがわかる。

結果

信念→ /50
愛情→ /50
より点数が高いのは（　　　　　　）

集中→ /50
拡大→ /50
より点数が高いのは（　　　　　　）

前衛→ /50
後衛→ /50
より点数が高いのは（　　　　　　）

あなたのパーソナルタイプ

① **信念・集中・前衛　→　プロモーター**
② **信念・集中・後衛　→　クラフター**
③ **信念・拡大・前衛　→　インフルエンサー**
④ **信念・拡大・後衛　→　プロデューサー**
⑤ **愛情・集中・前衛　→　プランナー**
⑥ **愛情・集中・後衛　→　サポーター**
⑦ **愛情・拡大・前衛　→　エデュケーター**
⑧ **愛情・拡大・後衛　→　スポンサー**

① プロモーター（提案者）

適職　営業・販売・指導

概要　プロモータータイプは、**自分や商品に自信を持つ「提案者」。**

1対1のクライアントワークなどにおいて「自分の信じる方法」で、顧客の問題を解決したいという願望が強いです。

自ら人前に立ち、**自分の失敗＆成功をもとに編み上げた「独自メソッド」**で目標を達成することにより、パフォーマンスを発揮できます。そのため、「他者貢献」よりも**「自己満足」を重要視する**傾向があります。

基本の性格

- **我が道をガンガン突き進む「自信家」**
- 「独自メソッドで問題を解決したい」という願望が強い
- 「出世」や「目標達成」に強い関心がある

得意なこと

- 売上やノルマの達成を目指す
- 1対1のクライアントワークで成果を出す

苦手なこと

- マニュアル業務（誰がやっても大きな差が出ない作業）
- バックオフィス業務

向いている職業

- 営業マン
- トレーナー
- 整体師
- メイクアップアーティスト
- ネイリスト
- エステティシャン
- 美容師／理容師
- コンサルタント　など

② クラフター（探求者）

適職 **開発・技術・研究**

概要 クラフタータイプは、**1つのことをトコトン突き詰める「探求者」**。**誰にも邪魔されることのない自分だけの「空間」や「世界」に没頭しているときに、大きな喜びを感じます**。
特に、自ら人前に立つのではなく、誰かから「依頼・相談」を受け、**「裏方」として「オリジナルの成果」を出す**ことが求められるとき、パフォーマンスを発揮できます。また、「他者貢献」よりも**「自己満足」を重要視**する傾向があります。

基本の性格

- **1つのことをトコトン突き詰める「探求者」**
- 1人で黙々と作業するのが好き
- ロジカルシンキングが得意

得意なこと

- 1人で没頭してこだわり抜くような作業
- 論理立てて物事を進めていくこと

苦手なこと

- 教育や指導など、人にわかりやすく教える仕事
- 「接待」や「飲み会」など、臨機応変な身のこなしを求められる場に参加すること

向いている職業

- デザイナー
- イラストレーター／アニメーター
- 写真家／動画編集
- 作家／小説家
- プログラマー
- マーケター
- 料理人

③ インフルエンサー（発信者）

適職 **広告・宣伝・表現**

概要 インフルエンサータイプは、**表現力の高さで注目を集める「発信者」**。**「自分の名前を刻む」ことや「自分の功績を残す」ことができたとき、このうえない喜びを感じます**。

また、このタイプは「創造力」や「発想力」が豊かな傾向があります。そのため、**クリエイティビティを発揮**できるような仕事に就くと、最大のパフォーマンスを発揮できます。また「他者貢献」よりも**「自己満足」を重要視**する傾向があります。

基本の性格

- **情熱的で、自己評価が高い**
- 承認欲求が強い（大勢から認められたい）
- 創造力や発想力が豊か

得意なこと

- 「表現力」が求められる仕事
- 0から1を生み出すこと（クリエイティビティを発揮する仕事）

苦手なこと

- 裏方的な事務作業
- 自分の顔や名前が刻まれない仕事

向いている職業

- ミュージシャン
- ダンサー
- タレント
- モデル
- コメディアン
- アナウンサー
- ユーチューバー
- パフォーマー
- 俳優

④ プロデューサー（運営者）

適職　企画・運営・経営

概要　プロデューサータイプは、**論理的で冷静沈着な「裏ボス」的な存在の「運営者」**。
チームや組織を動かすリーダーとして指揮をとったり、規模の大きな仕事や世の中への影響力が高い仕事をしたりすることに、やりがいを感じます。
自ら人前に立つのではなく**「指示出し」**や**「後方支援」**で目的を達成するスタイルによって、最大のパフォーマンスを発揮できます。また「他者貢献」よりも**「自己満足」を重要視**する傾向があります。

基本の性格

- **論理的で冷静沈着な「裏ボス」**
- 物事を俯瞰《ふかん》して、大局的な判断をする
- ダイナミックに組織を動かす実感が得られる仕事が好き

得意なこと

- 全体の状況を把握・管理すること
- 論理立てて物事を進めていくこと

苦手なこと

- 1人ひとりの気持ちに寄り添うこと
- 組織全体の利益にならない行動

向いている職業

- マネージャー（管理職）
- 経営者
- イベントオーガナイザー
- ディレクター
- プロデューサー
- 映画監督

⑤ プランナー（供給者）

適職 **接客・課題発見・カスタマーサクセス**

概要 プランナータイプは、**顧客の問題解決に使命を感じる「執事」のような「供給者」的存在**。

自分なりのメソッドや方法論で、顧客の問題を解決したり、幸せに導けたりしたとき、このうえないやりがいを感じます。そのため、顧客と深く向き合うような仕事が向いています。

また、**「顧客第一主義」**を貫いているため、「顧客の利益」を度外視した提案を好みません。そのため、**ノルマがない仕事**をすると最大のパフォーマンスを発揮できます。つまり「自己満足」よりも**「他者貢献」を重要視**するのがプランナータイプの特徴と言えます。

基本の性格

- **問題解決に使命を感じる「執事」**
- 顧客第一主義
- クライアントの悩みを的確かつ素早く解決することに喜びを感じる

得意なこと

- 心地よい接客やサービスが求められる仕事
- 臨機応変な対応や現場に即したアイデアを出すこと

苦手なこと

- 「顧客の利益」を無視して「組織の利益」を追求すること
- 組織の中心に立って、大きなプロジェクトを動かすこと

向いている職業

- ホテルマン
- ウエディングプランナー
- ファイナンシャルプランナー
- 看護師
- セラピスト
- 介護士
- ケアマネージャー
- 社会福祉士
- コーチ（コーチング）

⑥ サポーター（献身家）

適職 **事務・助手・カスタマーサポート**

概要 サポータータイプは、**裏方として顧客にトコトン尽くす「献身家」**。**自分のメソッドを押し付けるよりも、顧客の声に耳を傾けて、問題の根本原因を探り、「ベストな解決策は何か」を探ることが大事だと考えています**。

とても愛情深いため、「相手に寄り添うこと」が求められるような仕事をすると、最大のパフォーマンスを発揮できます。このタイプは「自己満足」よりも**「他者貢献」を重要視**します。

基本の性格

- **「裏方」として、顧客にトコトン尽くす「献身家」**
- 頼られることに「最上の喜び」を感じる
- 「自己主張」よりも「相手に合わせる」ほうが気が楽

得意なこと

- 顧客に寄り添ってサポートする仕事
- ルールやマニュアルに則って仕事を完遂すること

苦手なこと

- 人前に立ち、主体的に発言・発信する仕事
- あらゆる場面で「創意工夫」や「オリジナリティ」が求められる仕事

向いている職業

- 事務、受付
- クラーク
- 秘書
- 通訳
- 歯科助手
- オペレーター
- カウンセラー

⑦ エデュケーター（指導者）

適職　**教育・人事・管理**

概要　エデュケータータイプは、**成長のきっかけと愛情を与える「指導者」**。相手の成長や成功を、自分のことのように喜べる愛のある「教育者」であり、**「誰か１人が得する」よりも「皆が幸せになれる」仕事にやりがいを感じます**。

そのため、リーダーとして**「たくさんの人をよき方向に導く」**仕事で、最大のパフォーマンスを発揮できます。「自己満足」よりも**「他者貢献」を重要視**するタイプです。

基本の性格

- **成長のきっかけと愛情を与える「指導者」**
- 利他的で公平性が高い
- 上昇志向が強い

得意なこと

- 学んだ内容を人に教えること
- 大勢の人をまとめて「一致団結」させること
- 周りを巻き込んで「ビッグプロジェクト」を完遂させること

苦手なこと

- 「損得勘定」による判断が求められる仕事
- １人で黙々と行う作業

向いている職業

- 人事
- 保育士／幼稚園教諭
- 教師
- 講師業（塾、英会話スクール、料理教室、特殊な技術のレクチャーや認定資格発行系）
- インストラクター
- ボディワーカー

⑧ スポンサー（後援者）

適職　総務・経理・生活インフラ

概要　スポンサータイプは、**どんな仕事もそつなくこなす「器用人」であり「後援者」**。

強いこだわりがないため、誰とでも分け隔てなく付き合えるのが、最大の強みです。

また、仕事のミスも少ないため**「決められた仕事を決められたとおりに完遂する」**ことが求められるような職場で、パフォーマンスを発揮できます。このタイプの場合、「自己満足」よりも**「他者貢献」を重要視する傾向**があります。

基本の性格

- **どんな仕事もそつなくこなす「器用人」**
- 誰とでも分け隔てなく付き合える
- 仕事も大事だが「プライベート」も大事

得意なこと

- 依頼された仕事を過不足なく完遂すること
- ミスなくスピーディに終わらせること

苦手なこと

- 「プライベート」を確保できない仕事
- 利益重視の営業活動

向いている職業

- 総務
- 経理／会計士／税理士
- 交通機関の運転手
- 清掃業
- 配送業
- 食品加工業
- 農業

両隣のパーソナルタイプも含めて「天職領域」

自分のパーソナルタイプだけでなく、左ページの図を参考にして「両隣のパーソナルタイプ」もチェックしてみてください。両隣のパーソナルタイプは、部分的に似た性格傾向があり、あなたの天職が隠れている可能性があるからです。

たとえば、あなたが「プロデューサータイプ」の場合、両隣にある「クラフタータイプ」と「スポンサータイプ」もチェックしてみましょう。

まとめ

天職は「両隣のパーソナルタイプ」にも隠れているかもしれない

‖パーソナルタイプの相関図

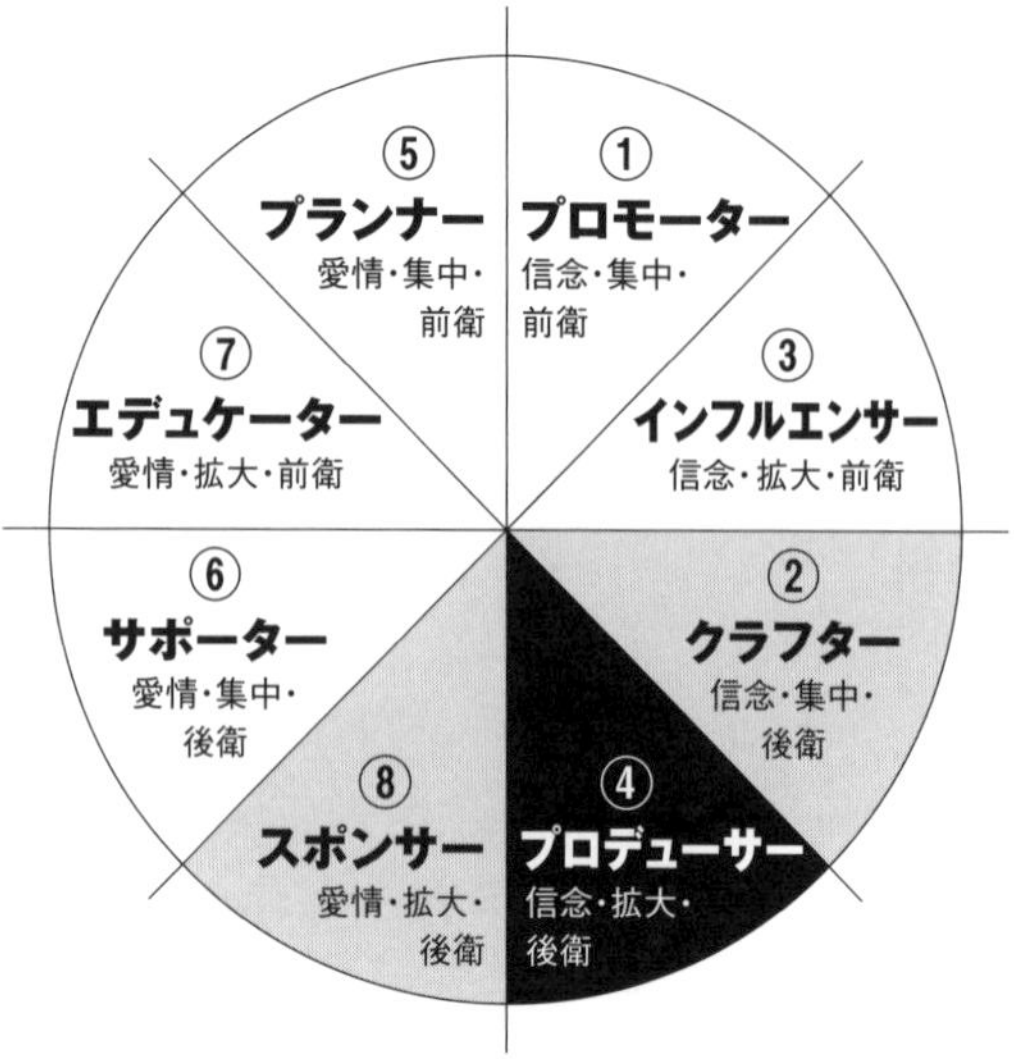

‖両隣にあるパーソナルタイプの比較（プロデューサータイプの場合）

パーソナルタイプ	向いている職業
プロデューサータイプ（信念・拡大・後衛）	・マネージャー（管理職） ・経営者 ・イベントオーガナイザー ・ディレクター ・プロデューサー ・映画監督
クラフタータイプ（信念・集中・後衛）	・デザイナー ・イラストレーター／アニメーター ・写真家／動画編集 ・作家／小説家 ・プログラマー ・マーケター ・料理人
スポンサータイプ（愛情・拡大・後衛）	・総務 ・経理／会計士／税理士 ・交通機関の運転手 ・清掃業 ・配送業 ・食品加工業 ・農業

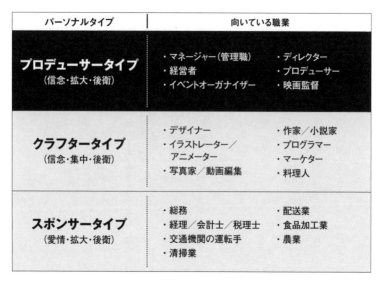

対極タイプのパートナーと組むことで才能がより花開く

パーソナルタイプ診断は「仕事のパートナー」を見つけるうえでも役立ちます。**自分の苦手を補ってくれるパートナーを見つけたいときに活用してみてください。チェックしたいのは、自分の対極にあるパーソナルタイプです。**このタイプの人は、あなたが苦手な能力を「特技」として持っている人なので、この人と組むことで大きな成果を出しやすくなります。「win-win」な関係を築けるのが、対極のパーソナルタイプというわけです。

前ページの相関図を参考に、**たとえば、あなたが「インフルエンサータイプ」だった場合、対極にある「サポータータイプ」をチェックしてみてください。**そして、それぞれの「基本の性格」や「得意なこと・苦手なこと」を比較してみましょう。

‖対極にあるパーソナルタイプの比較（インフルエンサータイプの場合）

	インフルエンサータイプ	サポータータイプ
基本の性格	・情熱的で、自己評価が高い ・承認欲求が強い（大勢から認められたい） ・創造力や発想力が豊か	・裏方として顧客にトコトン尽くす「献身家」 ・頼られることに「最上の喜び」を感じる ・「自己主張」よりも「相手に合わせる」ほうが気が楽
得意なこと	・「表現力」が求められる仕事 ・0から1を生み出すこと（クリエイティビティを発揮する仕事）	・顧客に寄り添ってサポートする仕事 ・ルールやマニュアルに則って仕事を完遂すること
苦手なこと	・裏方的な事務作業 ・自分の顔や名前が刻まれない仕事	・人前に立ち、主体的に発言・発信する仕事 ・あらゆる場面で「創意工夫」や「オリジナリティ」が求められる仕事

インフルエンサータイプは「前に出て自己表現するような仕事」が向いていますが、裏方的な事務作業が苦手です。

一方、「サポータータイプ」は裏方として、顧客にトコトン尽くす人です。そのため、顧客に寄り添うような仕事で、能力を発揮します。

インフルエンサータイプが**「前衛部隊」**で、サポータータイプが**「後衛部隊」**と捉えると、**2つのパーソナルタイプは「ベストコンビネーション」だと理解できると思います**。

仕事上の気になるパートナーには、ぜ

ひパーソナルタイプ診断を受けてもらってください。ミスマッチによるトラブルを回避することができます。

まとめ

対極タイプは「ベスト・パートナー」になれる特別な存在

第5章

世界一やさしい自己肯定感の高め方

ケンジ
診断の結果に納得してないでしょ
ズド
う…!
や…大きくは間違ってないと思うんだけど何かしっくりきてないというか…
本心でのぞめなかった証拠よ
はぁ~
自分なりに本心で答えたつもりだけど…
どうすりゃいいんだ?
ズバリ「心」の問題ね
ケンジの中の
①自己肯定感
②潜在意識
この2つを変える必要があるわ
まずは自己肯定感から!
簡単に言うと自信を持つところから始めようって話
自信がないままじゃ他人軸から抜け出せないし本心なんて出せないからね
自信かぁ…

オレ…
「自信をつけられる自信」がないんだよなぁ…
暗《くら》…っ
しょうがないわね とっておきの方法を教えてあげる！
未来ではこの方法が一般的でほとんどの人が自分に自信を持って生きてるんだから！
パッ
え!?
ブゥーー
これっ…子どもの頃のオレ!?
すげーっ ホログラムだ！
オペレーション・リトル!!
始めるわよっ

自己肯定感が上がれば天職が見つかりやすくなる!

皆さんは、この数字が何を意味しているかがわかりますか?

・日本　45・1%
・韓国　73・5%
・アメリカ　86・9%
・イギリス　80・0%
・ドイツ　81・8%
・フランス　85・8%
・スウェーデン　74・1%
(対象:13~29歳/「我が国と諸外国の若者の意識に関する調査」2018年内閣府調べ)

答えは「自分自身に満足している」と回答した人の割合です。日本人の若者は群を抜いて、自己肯定感が低いことがわかります。「まさか、ここまで低いのか！」と驚かれた方もいるかもしれません。

この「自己肯定感の低さ」は、天職探しにも悪影響を及ぼしています。自己肯定感が低い人は「平凡な自分に天職なんてあるはずがない」「仕事はつらくて当たり前。仕事を変えたって何も変わらない」といったネガティブな思い込みに支配されており、天職が見つかりにくいからです。それらの人の多くが、**天職を探すための一歩を踏み出せず「現状維持」を選んでしまうのが現実です**。

新しい世界に飛び込むのは、とても勇気のいることです。私自身、独立を迷った経験があるからこそ、皆さんの気持ちは痛いほどわかります。だからこそ、これだけは言わせてください。

あなたにも必ず、燦然《さんぜん》と輝く「個性」や「才能」を生かせる天職があります。

「事務職」から未経験で「Webマーケター」へ転身し収入が1・5倍に！

私のサロンに、小野裕太さん（男性・20代）がいらっしゃいました。新卒から事務職を続けてきた方です。小野さんのご両親は教育熱心でとても厳しい方々でした。「最高の結果を出さなければ認めない」といった気概が強く、どんなに勉強やスポーツを頑張っても、褒められた経験がないそうです。そのためか、**自分に自信が持てず「何の才能も魅力もない」と嘆いていらっしゃいました**。

そんな小野さんでしたが、お付き合いしている女性がいました。その女性とは結婚を考えており、老後の資金を貯めるためにも、収入アップを希望されていました。そのため、「自分に合った天職と出会いたい」という気持ちが強かったようです。

私は小野さんに「天職探しの前に、自己肯定感を高めることが大切です。まずは、失われた自信を取り戻しましょう」とお伝えしました。自己肯定感が低い状態では、天職を見つけることは難しいからです。

それから半年ほど、本章でお伝えする「リトル」のワークに取り組んでいただきました。その結果、小野さんは自分のことを認められるようになり、ほどなくして「Webマーケター」という天職を見つけました。もともと事務職だったこともあり、コツコツと地道に作業することや、情報を整理したり、資料にまとめ上げたりするのが得意だったのです。

小野さんは未経験でしたが、みごと、Webマーケターへの転職に成功され、収入は1・5倍にアップ。お付き合いしている女性とも、結婚に向けて順調に進んでいるとのことです。

自己肯定感が高まり、自分のことを信じてあげられるようになれば、自分の天職に気付きます。そのことをぜひ、覚えておいてほしいと思います。

まとめ

気付いていないだけで、天職はすぐそばに転がっている

自分の心に同居する「3歳の子ども」に気付こう

天職を見つけるために何よりも大切なのが**「自己肯定感」**です。

STEP3でメンタルを整え、自己肯定感が高まり、「自分にも天職がある」と信じられるようになれば、天職と出会いやすくなります。ここでは、数多くのクライアントさんにコンサルティングを行う中で、ひときわ大きな成果があった方法をご紹介します。

1つは、あなたに「3歳の自分（＝リトル）」が同居している事実に気付くことです。

一瞬、「え、どういうこと？」と思われた方も少なくないと思うので、わかりやすく説明しましょう。

まず、私たちはオギャーと産声を上げてから今に至るまで年を重ねていますから、

体は「大人」です。30歳ならば、30歳の肉体を手にしています。そして、基本的には「30歳の大人」として振る舞うものです。その事実に異論はありません。

しかし「心」は別です。実は、30歳になっても、80歳になっても、100歳になっても、私たちの心の中には「3歳の小さな子どもの姿をしたもう1人の自分」が同居し続けているのです。いわゆる「本心」というものです。

朝、早起きしたくない。ずっと家で寝ていたい。
満員電車に乗って通勤したくない。
料理を作るのがめんどくさい。ずっとテレビを観ていたい。
掃除や洗濯はやりたくない。ゲームをしていたい。
嫌いな上司の顔なんか見たくない。おいしいケーキを食べに行きたい。

このように、好き勝手な願望が浮かぶことはありませんか？　それらはすべて、あなたの心の中に同居する「自由気ままな3歳児」の仕業です。**私は愛情を込めて、心の中に同居する3歳児のことを「リトル」と呼んでいます。**

あなたは「本心」で、朝6時に起きたいのですか？

あなたは「本心」で、満員電車に乗りたいのですか？

あなたは「本心」で、毎日手間をかけて料理を作りたいのですか？

あなたは「本心」で、洗濯や掃除がしたいのですか？

あなたは「本心」で、今日も嫌いな上司に笑顔で振る舞いたいのですか？


きっと違いますよね。本音を言えば、朝はもっとゆっくり寝ていたい。満員電車になんか乗りたくない。仕事をする日を自由に選べるなら週3日に減らしたい、いや、むしろ1日も働きたくない。

料理も誰かが代わりに作ってくれたら嬉しいし、部屋も洗濯ものも誰かが片付けてくれたら嬉しい。つらいこと、めんどうなこと、興味がないことは極力やりたくない。

これが「本心」ではないでしょうか？


少なくとも、私が出会ったクライアントさんのほとんどは、そういう方々でした。

つまり私たちは、いくら体が大人に成長しても、死ぬまでずっと、わがままで自由な心を宿した3歳児（＝リトル）に振り回され続けているのです。

まとめ

大人になっても、3歳のときのあなたがずっと心の中にいる

毎日、必死で頑張っている健気な存在「リトル」

さて、「3歳児」が、自分の中にいると理解できたら、私たちの心にはどのような変化が起こるのでしょうか。

おそらく多くの人が、自分の失敗もふがいなさも「ま、しょうがないか」と受け流せるようになるはずです。

むしろ、「3歳のわりには、じゅうぶんに頑張っているじゃないか」と満足感や達成感が得られるようになります。

その「肯定」の繰り返しが、ありのままの自分を受け入れ、愛する寛容な心を育み、「自己肯定感の高い自分」に変えてくれるのです。

たとえば、あなたが仕事に間に合うように朝7時に起きたとしましょう。そのとき「30歳の自分」ならば「社会人として当たり前のこと」と思いますよね。自己肯定感は1ミリも増減しません。

一方「自分の中にいる3歳の子ども」が、本心では朝はゆっくりしたいはずなのに、今日も仕事に間に合うように目覚まし時計をセットして、朝7時に起きたらどうでしょうか？

どう考えても、えらいですよね。むしろ、えら過ぎるぐらいです！

だとしたら、どうして、あなたは自分を褒めてあげないのですか？

「リトルの自分」が、どれほどのことを我慢し、頑張っているのか。他人に気を遣いながら生きているのか。悔しさやふがいなさを抱えながら、涙をこぼしそうになりながらも、今日という1日を必死に生きているのか…。

そのことを考えてほしいのです。そして「頑張っているね！」「えらいね」と、たくさん、たくさん、褒めてほしいと思います。

あなたは、もう、じゅうぶん過ぎるくらい、頑張っているのです。

もう、自分のことを「りっぱな大人」扱いするのは終わりにしましょう。実年齢で自己評価することをやめれば、自分のことをちゃんと愛せるようになります。

そしてきっと、「自分にも天職があるんだ！」と信じられるようになります。

ちょっとした頑張りも、大きな喜びや達成感に変わっていきます。

「自分なりに頑張っているよね」と肯定できるようになることで、自己肯定感も高まっていきます。

これこそが、リトルと向き合う最大のメリットです。

ここで、リトルの存在を身近に感じられるようになる、とっておきの方法を1つご紹介しましょう。

それは**「3歳の自分の写真をスマホの待ち受け画面に設定する」**ことです。こうすることで、スマホを見る度に、リトルの自分を思い出すことができます。

その結果、どんな失敗をしても、どんなにふがいない自分だったとしても、「3歳のリトルがいるから仕方ないんだ」と受け流せるようになります。

簡単な方法なので、ぜひ実行してみてください。これは、多くの相談者さんの自己肯定感アップに効果のあった方法です。

まとめ

自分を「りっぱな大人扱い」するのは、今日で終わりにしよう

リトルの取扱説明書3カ条

自分の本心のまま、自由気ままに生きる「リトル」。あなたは、やっかいだけど憎めないこの子のことを、どう感じましたか？

何はさておき、驚かれたことと思います。しかし「言われてみれば確かにね」と思ったかもしれません。

おそらく、皆さんも体感していると思いますが、「リトルの自分」はすぐに機嫌を損ねてしまいます。**ちょっとしたことで、落ち込んだり、怒りを爆発させたり、泣いたり、暴走したりします**。

それがリトルという、私たちを振り回す「本心」の正体なのです。

自己肯定感を高めていくためには「リトルとの付き合い方」を知っておくことが非常に大切です。ここでは「リトルの取扱説明書3カ条」として、気を付けるべき心が

けをまとめてみました。

【リトルの取扱説明書3カ条】
①リトルの成長期こそ人生の勝負どころ
②子どものしつけと一緒！「優しくするが、甘やかさない」
③「内部充電」と「外部充電」で心を満タンにする

①リトルの成長期こそ人生の勝負どころ

リトルに「もっと頑張れないの？」などと成長を求めたり、過度な期待を持ったりするのはやめましょう。

どんなに奮い立たせたところで、ほとんど意味はないからです。いくら注意しても、本心のままに生きる3歳児が言うことを聞かないのと同じです。

しかし、ごくたまに、リトルも「成長期」を迎えることがあります。「大きなこと

にチャレンジしたい」「もっと頑張りたい」という瞬間です。**こういったときは「人生の勝負どころ」なので、愛を持って厳しく接してみてください。**

リトルの自分が「投げ出したい」「逃げたい」と言っても、「踏ん張りどころだから頑張ろう！」と鼓舞してください。リトルの成長期は、あえて厳しくすることが大切です。リトルの自分が「明日締め切りだけど寝たい」とわがままを言っても、起こすのです。

それが、一皮むけた自分へと成長するコツでもあります。

②子どものしつけと一緒！「優しくするが、甘やかさない」

リトルはすぐにすねてしまうので、基本的には優しくすることが大切です。**だからといって甘やかすのはNG**。優しくするのと甘やかすのは、まったく別の行為です。

たとえば、あなたの本心が「甘いものを食べたい」だったとします。その場合、リトルを喜ばせるためには「甘いものを食べる」のが正しいと思えます。しかし、甘い

ものばかり食べていたらどうなるでしょうか。太るばかりか、糖尿病などの生活習慣病に罹患するリスクも上がります。

こんなときは、自分の心に「共感」と「提案」を試みてください。

「今日は、チョコレートケーキが食べたい日だよね。でも、食べ過ぎると、太っちゃうよ。それに病気になってしまうかもしれない。だから今日は、半分だけ食べよう。残り半分は、明日に取っておこう」

共感と提案を行うことで、リトルの本心をほどよく満たしつつ、健康管理もできます。自由過ぎるリトルの自分（＝本心）と上手に付き合えるようになると、自己否定しなくなります。

③「内部充電」と「外部充電」で心を満タンにする

リトルは、褒められるのが大好きです。今日も頑張ったね、すごいね、えらいね…。

どんな言葉も大好物です。

特に、他人からの「褒め」を求めています。家族やパートナー、同僚や上司、SNS上の知り合い。誰でもいいのですが、とにかく「自分以外の他者」から賞賛されたいと願っているのです。しかし、自分が求めるタイミングで褒めてくれるとは限りません。

それならば、他人から褒められるのを待たずに、自分で自分をこれでもかというほど褒めてください。最初は気恥ずかしいかもしれませんが、だまされたと思って褒め続けてください。

「自分褒め」の重要性は、スマホの充電で考えてみるとわかりやすいと思います。友達や親の家まで行って「充電させてもらえませんか」などと言って、わざわざ充電する人はいないですよね。自分の家でスマホを充電します。自分の心を満たすのも、これと同じ考えです。**自己肯定感を高める基本は「内部充電（＝自分で自分を認め、褒め、喜ばせること）」なのです。**

とはいえ「外部充電（＝他人からの賞賛）」がまったくないのもよくありません。他人からの賞賛は、リトルのごちそうだからです。できることならば「内部充電」と

「外部充電」で、心を満タンにするのがベストです。**親しい人に「私、こんなことを頑張ったんだ！」と報告して褒めてもらい、さらに「自分って、本当にすごい！」と自画自賛しましょう。**

「内部充電」を基本にしつつ、ときには「外部充電」で心を満たす。それが自己肯定感アップの基本です。

まとめ

リトルとの付き合い方がわかれば「自己肯定感」はアップする

自己肯定感を高める2つの「リトルワーク」

自己肯定感アップのコツは、自由気ままな「リトルの自分」を、たっぷりの愛情で包んであげることに尽きます。

前項を読んで、その点について理解いただけたのではないでしょうか。

本項では、リトルにたっぷりの愛情を注ぎ込む「とっておきのワーク」を2つご紹介します。

【リトルにたっぷりの愛情を注ぎ込む2つのワーク】

リトルワーク①「1行ポジティブ日記」を書く

リトルワーク②「リトルの日」を作る

リトルワーク①「1行ポジティブ日記」を書く

1つ目が「1行ポジティブ日記」を書くことです。

1行ポジティブ日記とは、「3歳のリトルなのに、よく頑張ったな」と思えるようなできごとを書き留める日記です。

「1行ポジティブ日記」を書きためていくと、目の前に転がっている「小さな幸せ」に気付ける人になります。ささいなことでも満足できる「喜び体質」に変わることで、自己肯定感がグングン上がっていきます。

次ページの記入例のように、書く内容は本当に小さなことで構いません。「リトルの頑張り」や「喜び・嬉しさ」を、できる限り毎日、記録し続けてみてください。

「何かを続けられたためしがない。毎日、書く自信がない」という方は、意図的に「1行ポジティブ日記」をサボる日を作ってみましょう。

たとえば、奇数の日はサボる、毎週土日はサボるといった具合です。ただし、その

日の気分で書いたり書かなかったりすると、結局続けられず、それが自己嫌悪につながって、逆に自己肯定感を下げることになるので、サボる日は「月はじめ」や「週はじめ」など、事前に決めておきましょう。

大切なのは「習慣化」することです。あなたの取り組みやすいルールを決めて、1行ポジティブ日記を続けてみてください。

まずは2週間、左ページのフォーマットを活用して、1行ポジティブ日記を書いてみましょう。

1行ポジティブ日記　【記入例】

3月 4 日（月）	今日も、7時に起きられたね。頑張ったね。
3月 5 日（火）	お仕事、大変だったけど、乗り切ったね。お疲れさま！
3月 6 日（水）	今日は、苦手な料理にチャレンジしたね。えらい！
3月 7 日（木）	企画書、やっと終わったね！　お疲れさまでした！
3月 8 日（金）	競合プレゼン、頑張ったね！　ビールで乾杯しよう。
3月 9 日（土）	家族と楽しい1日を過ごせたね。よかったね。
3月10日（日）	家の掃除、頑張ったね。ピカピカで気持ちいいね。

1行ポジティブ日記

月　　日（月）	
月　　日（火）	
月　　日（水）	
月　　日（木）	
月　　日（金）	
月　　日（土）	
月　　日（日）	
月　　日（月）	
月　　日（火）	
月　　日（水）	
月　　日（木）	
月　　日（金）	
月　　日（土）	
月　　日（日）	

※コピーして使ってください。

リトルワーク②「リトルの日」を作る

繰り返しになりますが、リトルはとてもわがままです。自分の「本心」を何よりも大切にしています。そのわりに毎日、頑張っています。

だからこそ、言葉での「褒め」を大切にしたいのですが、それだけでは「燃料切れ」を起こしてしまいます。たまには、本物のご褒美が欲しいのです。

肉厚ステーキにかぶりついたり、大好きなスポーツを観戦したり、甘いショートケーキを食べたり、おしゃれを楽しんだりしたい。はたまた、自分が憧れている経営者のセミナーに参加したい、大好きなカフェで資格の勉強に没頭したい、なんていう人もいることでしょう。

中身は何にせよ、私たちは、時間を忘れて「没頭したい」生き物なのです。

そのため、リトルのわがままを最大限に叶える「リトルの日」を作ってください。その日は、思いっきり自分が楽しめる「スペシャルDAY」にするのです。たとえば「おいしいものを思いっきり食べたい」という人は、ビュッフェに行って、おなかが

はちきれるほど食べまくってください。

リトルの願いを叶える日を作ることは、自分をいたわり、大切にすることにほかなりません。トコトン喜ばせることで心が豊かに満たされます。**心にエネルギーが注入されると、自己肯定感が高まります。そうすると「自分に天職なんてない」というネガティブな気持ちから「自分にも天職が見つかるはずだ」というポジティブなマインドに変化します。**

●「リトルの日」を忘れられない最高の1日にしよう！

「リトルの日」は、自分が喜ぶことならば、何をしてもOKです。

ヒントを挙げるならば、**男性は「強くなった気分」になれるもの**を与えると、幸福感で満たされる傾向があります。

一方、**女性は「きれい」「かわいい」といった気持ちになるもの**を与えると、テンションが上がり、心が満たされる傾向があります。

「リトルの日」の過ごし方（参考例）

・大好きな野球をスタジアムで観戦する

・普段行けない「高級ジム」でパーソナルトレーニングを受ける

・2時間フルコースの高級エステできれいになる

・恋人と一緒に温泉旅行に出かける

・友達や恋人とディズニーランドに行く

・一流ホテルのビュッフェで食べまくる

・北海道に行って海の幸を食べまくる

・仲のいい友達と泊まり込みでRPGゲームに明け暮れる

・自分好みに改造したマウンテンバイクで「ヒルクライム」に挑戦する

・大好きなアパレルブランドの服を買う

・憧れのブランドの時計を銀座まで買いに行く

・お気に入りのネイルとアクセサリーをしてショッピングに行く

あなたも「リトルの日」を、自由にプランニングしてみましょう！

・「リトルの日」にやりたいこと

●予算は「手取り月収の5〜10％」以内にしよう

リトルの日は「スペシャルＤＡＹ」ですが、生活費を圧迫するほどのお金をかけるのはＮＧです。日常生活に支障をきたしてしまうからです。

目安として、**1カ月の予算は「手取り月収の5〜10％」程度がおすすめ**です。

この予算の範囲内で、**月に1回、もしくは毎週3時間ずつなど、頻度や時間は自由に決めて構いません。**

予算を守りながら、「リトル」をかわいがってあげてください。

まとめ

「リトルの日」は楽しさ満点のスペシャルDAYにしよう

第 6 章

脳トレワークでネガティブ思考を書き換える

ユイ！
オレ本当に自信ついてきて周りに左右されなくなってきたよ！
ガシィ
ありがとな!!
…当たり前でしょ私が指導してるんだから
ペチー
あぁそうだな次の潜在意識の書き換えもよろしくっ
はいはい
いい？潜在意識っていうのは普段自覚できていないだけで実際は私たちの行動や感情を操っていると言われていて…
私の住む未来ではこれを別名
見えない支配者「インビジブル・エンペラー」
と呼んでいるわ
ケンジがやっている仕事や趣味…歩き方から表情までほぼすべてが潜在意識によって「選ばされている」の
右に行けー
右に行こう

その潜在意識が「現状のままでいい」「天職なんてない」と考えているうちは
天職も見つからないし仮に見つけてても「しっくりこない」となるわけね
頭ん中にそんなヤツがいるとはな
なんとかなるものなのか？
もちろん！潜在意識は敵に回せばやっかいだけど正しい手順を踏めば世界一の味方になってくれるの
次はその手順を教えてあげるけど付いてこられる？
おう！
オレには潜在意識よりも頼りになるユイがいるからな！
な…っ
よーし
見えない支配者《インビジブル・エンペラー》の攻略開始だ!!
～……！
わかったから早くプリン作んなさいよ

天職に出会えない理由は「潜在意識」にあった

天職と出会うためのもう1つのカギが「潜在意識」です。潜在意識を書き換えることで、叶えたい現実を引き寄せる力が高まるのです。

潜在意識は、私たちが自覚できていない意識・願望のことであり、人間の意識の約95％を占めていると言われています。たとえば、お風呂に入ったとき「首から洗って、腕を洗って、最後に足を洗おう」などと考えることはありません。しかし、無意識にいつも同じ手順で体を洗っているはずです。また、車の運転をするとき「アクセルは右で、ブレーキは左」などと常に意識しながら運転しないでしょう。何かあれば、とっさにブレーキを踏むことができます。

このように、脳が消費するエネルギーを最小限にとどめたり、とっさの危険を回避したりするために、脳内では常に潜在意識が働き、あらゆる行動を「制御」しているのです。

一方、顕在意識は、人間の意識の5％程度と言われています。自覚できる意識のこ

顕在意識と潜在意識

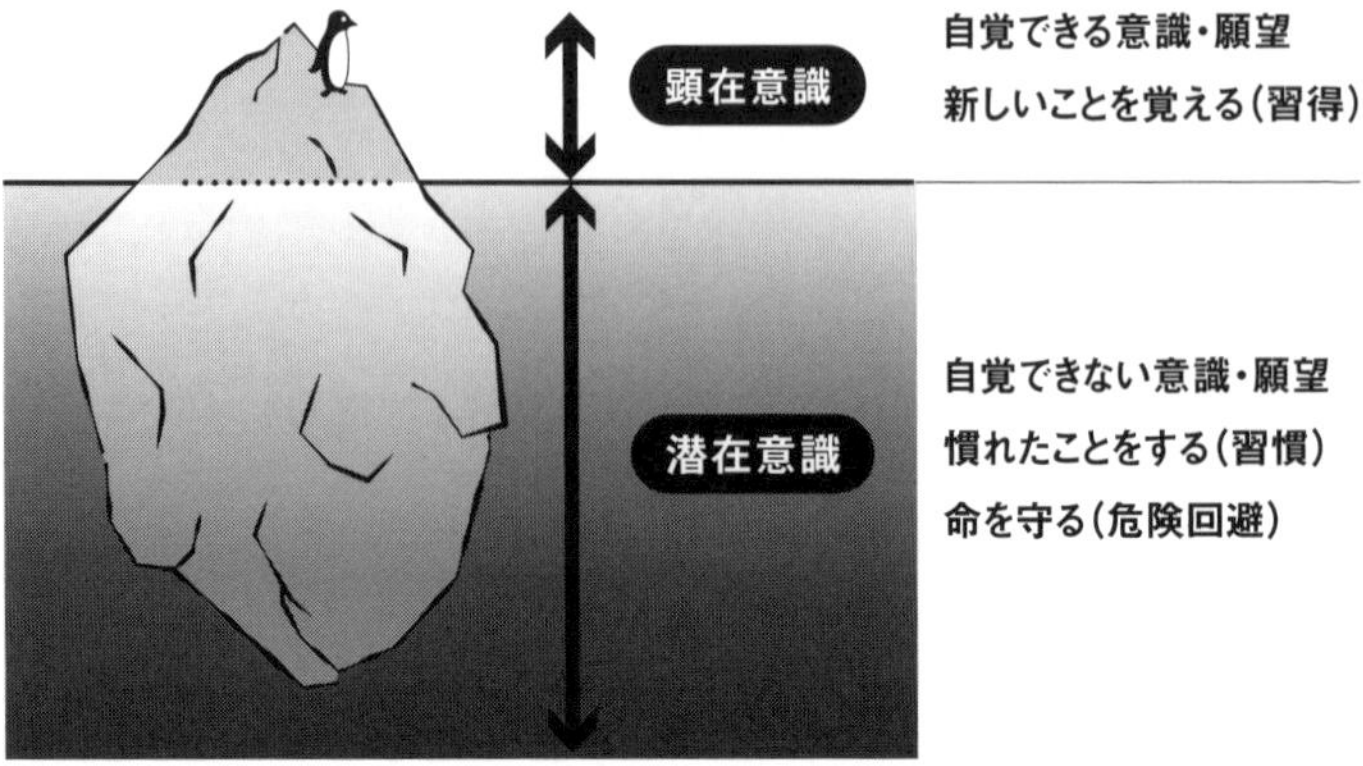

とであり、何か新しいことを覚えるときなどに使われます。

さて、天職を見つけるために、潜在意識を書き換える必要があるのは、なぜでしょうか。

それは潜在意識がネガティブのままでは、天職があなたの目の前に近付いてきても、気付かずに見過ごしてしまうからです。たとえ気付いたとしても「これは天職ではない気がする」と考え、素どおりしてしまうことが往々にしてあります。

潜在意識に「どうせ自分には天職なん

てない」「転職しても失敗するかもしれない。嫌だけど今の仕事を続けていたほうがいい」などネガティブな心理が隠れていると、どんな仕事も悪い部分ばかりに目を向けてしまうのです。重箱の隅をようじでほじくるような潜在的リスクを心配して、「この仕事はやめておいたほうがいい」という結論を下しやすくなります。

なぜ、そのようなことが起こるのでしょうか。**それは、潜在意識というものがリスクを過度に恐れ、失敗しづらい道を選ぶ性質があるからです。この特性により、天職探しも阻まれてしまうのです**。

太古のホモ・サピエンスは、自分たちを襲う捕食者がいる野生環境の中で、常に「死」と隣り合わせでした。そのため、どちらに転ぶかわからないチャレンジは避け、「失敗のリスクが低い確実な方法」や「過去に成功した方法」を選ぶことで生き延びてきました。**つまり、マイナス思考は「死を回避するための本能」であり「戦略的進化」とも言えるでしょう**。

このように、潜在意識が私たちのＤＮＡに深く刻み込まれた本能と理解すれば、天職探しをせずに「現状維持」に傾くのは自然なことなのです。誰もが、生存確率を高

めるために、本能に従って、一歩を踏み出すことを避けがちです。

そのため、天職を見つけるには潜在意識をポジティブに書き換える必要があります。

新しい道を選んだっていい。
自分にはもっと可能性がある。
失敗しても、仕事はいくらでもある。

このように、前向きな潜在意識に書き換えることが大切なのです。

まとめ

ネガティブ思考は人間のＤＮＡに深く刻み込まれた「本能」

ネガティブ思考を書き換える3つの脳トレワーク

潜在意識の基本はリスク回避です。そのため、私たちは「昨日成功した方法で生き続けよう」としてしまいがちです。

だからこそ、転生レベルのインパクトがある天職にチャレンジするには、潜在意識を書き換える必要があります。

「自分にも天職があるのだ」というポジティブなマインドに変わることで、あなたの個性と才能を生かした天職を見つけやすくなるのです。

その際、ポイントになるのが「顕在意識」への働きかけです。潜在意識は自覚できない意識・願望であり、コントロールできませんが、顕在意識は自覚でき、コントロール可能な意識だからです。

この「顕在意識」を活用した潜在意識の書き換え方法は、全部で3つあります。

潜在意識を書き換える3つの「脳トレワーク」

ワークの種類	ワークに向いている性格
①「現在」ワーク（マインドフルネス）	・マイペースな人 ・好奇心旺盛な人 ・集中力がある人
②「未来」ワーク（マインドセット）	・ノリのいい人 ・自分に自信がある人 ・想像力が豊かな人
③「過去」ワーク（インナーチャイルド）	・まじめな人 ・丁寧で繊細な人 ・コツコツ努力できる人

①「現在」ワーク（マインドフルネス）
②「未来」ワーク（マインドセット）
③「過去」ワーク（インナーチャイルド）
これが、潜在意識を書き換える3つの「脳トレワーク」です。

すべてを行う必要はありません。できそうなものを選んで実践してみましょう。

もし迷う場合は、①の「現在」ワークからスタートしてみてください。そして、①のワークに慣れたら、「未来」ワークや「過去」ワークにもチャレンジするとよいと思います。

脳トレワーク①「現在」ワーク（マインドフルネス）

ポジティブな潜在意識に書き換える方法の1つが**「マインドフルネス」**です。3つのワークの中では、これが最も基礎的なワークになります。

すでにお伝えしているとおり、マインドフルネスとは「今、この一瞬」に集中している状態のことです。

多くの人が「座禅を組んで、無我の境地を目指す、神秘的な修行」という、とても難しそうなイメージを抱きやすいのですが、それは誤解です。

マインドフルネスは、あくまで「何か1つのことに集中している状態」のことであり、集中できるなら、姿勢や方法にこだわる必要はありません。もちろん、座禅を組む必要もありませんし、そもそも「無我」になる必要もありません。

詳しいやり方は後述しますが、たとえば、スポーツをする、絵を描く、歌を歌うなど、1つのことに集中している状態であれば、それはマインドフルネスなのです。

このマインドフルネス状態を、自ら作り出せるようになると、仕事で最高のパ

フォーマンスを発揮できるほか、ストレス耐性や自己肯定感、感情コントロール力が高まることが、世界中のあらゆる研究で明らかになっています。

マインドフルネスは、その効果の高さや再現性から、前述したとおりグーグル、アップル、ヤフー、メルカリ、メタ（旧フェイスブック）、インテルなど、世界中の一流企業が社員のパフォーマンスを高めるために取り入れています。

このマインドフルネスの力が「自分にも天職が見つかる」という前向きなメンタルを醸成するため、天職探しには欠かせないものだと、私は考えています。

本書では、このマインドフルネス力を身に付けるワークを「現在」ワークと呼んでいます。「今、この一瞬」に集中できることを目指すからです。

「現在」ワークの取り組み方は簡単です。**どんなことでもいいので、自分が決めたことだけに没頭し「集中」してください**。

たとえば、散歩ならば「左足、右足、左足、右足」と、自分の「足」を顕在意識に従って動かしてみましょう。

ここでポイントになるのが、能動的に頭を働かせることです。何も意識せず、ただ

歩くのは潜在意識の営みです。

一方「左足、右足、左足、右足」と心の中で、もしくは声に出して唱えながら、足を動かすというプロセスを踏むのが、顕在意識への働きかけとなります。それが、あなたのマインドフルネス力を高めます。

また、「呼吸瞑想」もおすすめの「現在」ワークです。呼吸瞑想は、次のような手順で行います。

【呼吸瞑想の手順】

①背筋を伸ばして目を閉じた状態でいすに座る
②鼻から3秒かけて息を吸う
③1秒息を止める
④鼻から6秒かけて息を吐く

ただ呼吸をしているだけでは散歩同様、潜在意識の領域ですが、息を吸う、吐くという行為にきちんと意識を向けることで、マインドフルネス力が高まっていきます。

簡単なマインドフルネスに慣れてきたら、ドラマの世界に没頭するマインドフルネスにチャレンジしてみるのもおもしろいと思います。

受け身でドラマを見るのではなく「次は、こんな展開になりそうだ」など、ドラマの行く末を予想しながら鑑賞するのです。この登場人物は「なぜ、こんな発言をしたんだろう」と、言葉の裏を想像してみるのもいいと思います。

雑念が入ったら「集中、集中」と心の中で唱え、ドラマの世界に意識を戻してください。**ドラマの世界に没頭しつつ、展開を予想することで、マインドフルネス力が高まっていきます**。

そして、呼吸瞑想にせよ、ドラマに没頭するトレーニングにせよ、どれだけ集中しようとしても、途中で必ず雑念が入ってきます。慣れるまでは、30秒に1回、もしくはそれ以上のペースで「関係のないこと」が頭に浮かんできます。「明日の予定なんだっけ」「外から救急車の音が聞こえる」「今日の仕事は大変だったなぁ」といった感じです。

ここで大切なのは「雑念が入ってはダメ」ということではなく、雑念が入ったらなるべく早く自覚をして、「集中、集中」と心の中で唱え、ワークに意識を戻すことです。「雑念が入ったら集中し直す」を反復することこそが、まるで腕立て伏せのようにマインドフルネス力を強化するのです。

ワークとして取り組む内容は何でも構いませんが、左ページの例を参考にして「1日5～10分」くらいを目安に取り組んでみてください。

‖「現在」ワーク（マインドフルネス）の例

片足立ち／閉眼片足立ち

安全な場所で、片足立ちをしてバランスを取る。30秒ごとに左足、右足で「1セット」。それを1分間行う。難なくできる人は、目を閉じて片足立ちを行う（転倒しないように注意）。初心者に最もおすすめ。

散歩／ランニング

「左足、右足、左足、右足」と心の中で唱えながら、足を動かす。

呼吸（10秒呼吸法）

3秒かけて鼻から息を吸い、1秒息を止め、6秒かけて鼻から息を吐くことに集中する。

ドラマ鑑賞／読書

登場人物が発した「言葉の意味」や「今後の展開」を予想しながら楽しむ。

歯みがき

「上の奥から2番目の歯の裏側を今から10秒みがく。次は3番目の歯」といった具合に、一連の歯みがきを「実況中継」しながらみがく。

編み物をする

手を動かし、編み物を完成させることだけに集中する。

脳トレワーク②「未来」ワーク（マインドセット）

潜在意識を書き換える2つ目の脳トレが**「マインドセット」**です。**これは「理想の未来」や「叶えたい夢」を強くイメージすることで「夢が叶った後の自分＝現実」だと信じられる状態を作ることです。**

「イメージトレーニング」に近い取り組みと言えます。ご存じかと思いますが、多くの一流アスリートが、勝負に勝つための方法としてイメージトレーニングを取り入れています。

自分はあと0・3秒、速く走れる。
今日のトレーニングメニューを完遂して、笑顔で1日を終える。
自己ベストを更新できる。
大会で優勝する。

こんなふうに、叶えたい理想の自分が、当たり前のようにそれを実行できている状

態を繰り返しイメージしたり、心の中で唱えたりするのがイメージトレーニングです。この繰り返しで、目標達成を目指します。

「マインドセット」も基本的には同じことを行いますが、特に重要なのが**「臨場感たっぷりにイメージすること」**です。

天職に就いて、喜びいっぱいの表情を浮かべる自分の顔。
喜んでいる自分の隣で、ニコニコと笑っている家族。
天職でメキメキと成果を残し、クライアントから「感謝の手紙」が届いたときの自分の感情。
その業界で有名になり、出版社から「本を書かないか」と声がかかって、自分の本が書店に並んでいる様子…。

こんなふうに、自分がワクワクとした気持ちでいっぱいになる情景を、臨場感たっぷりにイメージしてください。イメージをするだけで、前向きでポジティブなマインドに変わっていきます。

イメージをするだけで構いません。**人間の脳は、同じことを繰り返しイメージすることで「現実か非現実か」があいまいになる性質を持っているからです。**

一例として、レモンを頭の中でリアルにイメージしてみてください。レモンの形、色、手触り、ナイフを入れたときの香り、口に含んだときの味…。そうすると、どうでしょう。食べていないのに、口の中が酸っぱくなりませんか？ レモンを食べたかどうかにかかわらず、レモンを想像した時点で、脳はレモンが実際に目の前にあると錯覚してしまうのです。それが「イメージ」の力のすごさです。

このイメージの作用を、潜在意識の強化に応用したのが「マインドセット」です。リアルなイメージを繰り返すことで、潜在意識に潜む「どうせ自分には天職なんてない」という意識を、「自分にも天職はある！」という意識へと塗り替えましょう。

「マインドセット」では、もう1つ行ってほしいことがあります。それは**「天職に就いた自分の視覚化」**です。天職に就いて輝いている自分とともに、天職でイキイキと働いている自分や、心がワクワクと躍動するイラストや写真などでコラージュしたボードを作るのです。参考になるのは、望月俊孝《もちづきとしたか》さんが考案した「宝地図」です（参

考図書『見るだけで9割かなう！　魔法の宝地図』KADOKAWA）。

就きたい職業が仮に「デザイナー」ならば、笑顔いっぱいの自分の写真を中心に、自分の好きなグラフィックデザインの作品、おしゃれなコワーキングスペースで働く自分の写真などを貼るのがよいでしょう。

このように、天職に就いた「理想の自分」をビジュアル化することで、成功をありありとイメージできるようになり、自分を信じることにつながります。

イメージトレーニングについては、1日に5〜10分間行うことをおすすめします。イメージがうまくできるようになると、ワクワクして胸の鼓動が速くなったり、顔がニヤニヤしたり、その場で動きたくなったり、誇らしげな姿勢になったりと、ありとあらゆる変化が体に起こります。

レモンをイメージしたら唾液が出るのと同じで、自分が成功したイメージングがうまくいくと、脳内ではドーパミンという快楽物質が分泌されます。そうなったら体には必ず変化が起こります。

逆に、イメージしても体や気分に変化が起こらない場合は、イメージングがうまく

できていない証拠です。そうした場合は、まず画像や動画を集めたコラージュ作りを優先してください。

それでもワクワクしないなら、経験値を増やす必要があります。

たとえば、高級車に乗っている自分を想像しようとしてもうまくいかない、コラージュしてもワクワクしきれないという場合は、高級車を扱っているディーラーに直接行ってみることをおすすめします。体験に勝る経験はありません。実際にディーラーに行って車を眺める、可能なら試乗をさせてもらいましょう。実際に乗ってみることが重要なのです。

仕事に関しては、実際にその職に就いている人の動画を見たり、体験ができるか調べてみたりするといいと思います。ネットで調べれば、体験できる仕事も案外たくさんあります。体験のハードルが高いようなら、その職種の人が集まっているオンラインコミュニティを探して、1カ月だけでも入会してみるのもおすすめです。

「そこまでやるのは大変」と思うことは無理する必要はありませんが、マインドセッ

トを行ううえで最も大切なのは、臨場感のあるイメージです。**「未来」ワークは、そうした情報収集や行動ができる人ほど効果を発揮します**。つまり、もともと行動力がある人向きのワークと言えます。

ここまで読んで「私には無理だ…」と感じた方は、まずは「現在」ワークのマインドフルネスを優先しましょう。

余談ですが、億万長者やアスリートたちには、マインドセットの力が強い人が大勢います。つまり、「行動力オバケ」です。だからと言って、マインドセットができないと、天職が見つからないわけではありませんから、そこはご安心ください。

繰り返しますが、マインドセットが苦手な方は、無理をせず、マインドフルネスをやっていただけたらと思います。どちらが正解ではなく、あなたが行えるワークこそが正解なのです。

脳トレワーク③「過去」ワーク（インナーチャイルド）

潜在意識を書き換える、3つ目の脳トレが**「インナーチャイルド」**へのアプローチです。インナーチャイルドとは、心理学用語で**「傷ついた過去の自分」**を表す言葉です。私たちが大人になっていく中で、傷つき、癒やされないまま放っておかれている「第2の自分」です。

インナーチャイルドは「過去の傷ついた体験」を、昨日のことのように覚えています。だから、昨日のことも、20年前のことも、同じように鮮明に記憶しています。時間の概念がないのです。

どうでもよいと思えるようになったり、折り合いをつけられるようになったりしない限り、過去の傷ついた記憶は、昨日の記憶と同じように鎮座し続けます。

その結果、「自分に天職なんてないんだ」と自暴自棄な気持ちになり、いつまで経っても天職が見つからない事態に陥ってしまいます。

だからこそ、一歩踏み出すにはインナーチャイルドと向き合う必要があるのです。

うまく乗り越えられたとき、自分のことを心から愛せるようになります。

そして、自分自身のことを信じてあげられるようになり、「自分にも天職が見つかるはずだ！」と思えるようになります。

インナーチャイルドを癒し、自分を信じる力がアップ！「県庁職員」から「Ｗｅｂデザイナー」にチャレンジ

私のサロンに、県庁で働いている中谷博さん（男性・40代）がいらっしゃいました。県庁職員の仕事が合わず、新しい仕事に就きたいものの、一歩を踏み出せないというご相談でした。

中谷さんのご両親も公務員で、小さな頃から「お前も公務員になれ」「公務員なら人生安泰だ」などと言われ続けてきたそうです。また、ご両親はとても厳しい人で、学生の頃は毎日、夜遅くまで勉強を強いられ、テストで90点以上を取らなければ、お小遣いもなしという有り様でした。中谷さんは「親の愛情を感じたことがありません」と、うつろな目でおっしゃっていました。

私は、天職探しをする前に、中谷さんの傷ついたインナーチャイルドを癒す必要があると考え、この後に紹介する「過去」ワークに取り組んでいただきました。

それから3カ月ほど経ったくらいから、中谷さんの表情がどんどん明るくなっていったのです。以前のように、親に対する憎しみを吐露することもなくなりました。

私は「機が熟した」と思い、「パーソナルタイプ診断」を実施しました。

その結果、中谷さんに向いている職業は「デザイナー」だということがわかりました。散らばった情報をきれいにまとめ上げるのが得意な中谷さんには、「デザイナー」という職業は適職です。さらに、中谷さんの心の中には「クリエイティブな仕事がしたい」という欲求があったため、デザイナーはまさに天職だったのです。

現在、中谷さんは「Ｗｅｂデザイナー」の養成学校に通っています。「2年以内に、Ｗｅｂデザイナーに転職したいと思っています」とおっしゃる中谷さんに、過去の暗い面影はありません。中谷さんはきっとご自身の夢を叶えるはずです。

補足ですが、**「インナーチャイルドとリトルの違いがわからない」**という方がいるかもしれません。ここで、改めて整理しておきたいと思います。

リトルは「3歳の自分」です。ずっと遊んでいたい、夜更かししてゲームをしたいなど、思うままに生きたいと願う存在です。インナーチャイルドのように、傷ついた過去があるわけではありません。**「リトル＝自由気ままな3歳の自分」**であり、**「インナーチャイルド＝傷ついた過去の自分」**と考えてください。

さて、本題に戻りましょう。自分のことを愛せない「インナーチャイルド」の問題は、自分の過去と向き合う「過去」ワークによって解決します。「過去」ワークの手順は以下のとおりです。

【「過去」ワーク（インナーチャイルド）の取り組み例】

①過去の記憶をたどって「ネガティブな体験」を書き出す
②当時の自分にカウンセリングする
③当時の相手をカウンセリングする

①過去の記憶をたどって「ネガティブな体験」を書き出す

なかなか難しいケースもあると思いますが、まずは過去の記憶をさかのぼり、あなたの心を傷つけた「ネガティブな体験」を思い出してください。そして、その内容を書き出してください。

②当時の自分にカウンセリングする

次に、いすが2つある場面を想像してください。一方のいすに当時の自分（インナーチャイルド）、もう一方のいすにカウンセラーになった自分が座っているイメージを思い描きます。

まずは本物のカウンセラーになったつもりで、当時の自分に「あなたはどんな嫌な体験をしたの？」と問いかけましょう。

次に過去の自分に戻って、①で書き出した内容を声に出して話します。大切なのは、カウンセラーのあなたが「うんうん、そうだったんだね。つらかったよね」「ものすごく頑張ったんだね」などと相づちを打ちながら、**過去の自分の話をトコトン聞くことです。**

一人芝居ですが、本当にカウンセラーにカウンセリングされたような気持ちになり、固くこわばった自分の心が、薄紙をはがすように、少しずつほどけていくのを感じられるはずです。

③当時の相手をカウンセリングする

②で過去の自分の話を聞いたら、今度は自分を傷つけた相手がもう一方のいすに座っているイメージをしてみてください。**そして、自分を傷つけた相手に「どうして、そんなことをしてしまったのかな？」「何か事情があったの？」などと聞いてみてください**。

相手はこんな状況だったのではないかとイメージしながら、質問に答えます。このとき、できるだけ相手の気持ちに寄り添ってみてください。寄り添うことで、相手の事情に思いをはせることができます。

そうすると、相手も「リトル」のわがままに振り回される「自分と同じ人間なのだ」ということが理解できるようになるかもしれません。そして、相手のことも許せるようになるかもしれません。

ただし、トラウマが深い場合は、一人二役をこなすのは難しい場合があります。そんなときは、臆せず、専門のカウンセラーを頼ってください。

ここで挙げた3つのワークを継続的に続けることでメンタルが安定し、「自分にも必ず天職が見つかるんだ」と強く思えるようになります。

あなたは第5章の「リトルワーク」によって自己肯定感を高め、本章の「脳トレワーク」によってポジティブ思考を手に入れました。改めて、STEP4として、2回目の「パーソナルタイプ診断」を行ってみてください。きっと、あなたの本当のパーソナルタイプがわかるはずです。

まとめ

「脳トレワーク」で潜在意識からポジティブ思考に変わる

第7章

いざ、天職にジョブチェンジして人生激変!

この数カ月間ひたすらメンタルトレーニングに励んできたわけだけど…改めて天職を診断してみた気分はどう？

……

オレは昔から自分に才能なんてないと思ってきた
だけど今ならわかる！

小説家・作家
オレの天職は間違いなくコレだ!!

――まぁアンタらしくていいんじゃない？

ただし…

まだ最後の関門が残ってるわ！
天職を見つけて終わりじゃなくてここから行動しないと星野かんなとは結ばれないからね！
もちろんだ！よろしく頼む!!
最後は行動計画よ
天職が見つかった後次に何をすればいいか目標設定の仕方や成功するために必要な環境設定について教えてあげるわ！
待っててくれ星野さん
オレは必ず君のいるところまで行くぞ!!

天職のための「未来図」を描こう！

STEP5では、いよいよ天職探しのための、具体的な計画&準備を行っていきます。次ページの例を参考に、第3章で診断した「欲求タイプ」と第4章で診断した「パーソナルタイプ」の結果を書き写してください。

【未来図を描くワーク】

❶「欲求分析ワーク」の結果（105ページ）を書き出す

❷「パーソナルタイプ診断」の結果（135ページ）と、両隣のタイプ（145ページ）の適職を書き出す

❸❷の適職の中で、❶の「欲求タイプ」と合致する仕事を探す

❹「現状の自分」と「未来の自分」を書き出す

未来図

❶「欲求分析ワーク」の結果(105ページ)を書いてください

いちばん多かった欲求「　　　　　　　　　　　　　」タイプ

【例】刺激タイプ(「興味のあること、好きなことに挑戦したい」欲求)

❷「パーソナルタイプ」の結果(135ページ)と両隣のタイプ(145ページ)の適職を書いてください

＿＿＿＿＿＿＿＿＿＿ タイプ

適職

両隣タイプの適職

【例】プロモータータイプ

適職　営業マン、トレーナー、整体師、メイクアップアーティスト、ネイリスト、エステティシャン、美容師／理容師、コンサルタント

両隣タイプの適職　**プランナー**:ホテルマン、ウエディングプランナー、ファイナンシャルプランナー、看護師、セラピスト、介護士、ケアマネージャー、社会福祉士、コーチ(コーチング)

インフルエンサー:ミュージシャン、ダンサー、タレント、モデル、コメディアン、アナウンサー、ユーチューバー、パフォーマー、俳優

❸ ❷の適職の中で、❶の「欲求タイプ」と合致する仕事はどれですか? その職業に就いた自分を鮮明にイメージできて、心がワクワクするものが天職です

❹ 現状の自分と未来の自分(天職に就いた自分)を書き出します

現状の自分	未来の自分
職業:	天職:
仕事内容:	仕事内容:
年収:	年収:
強み／特技:	チャレンジしてみたいこと:
弱み／苦手な業務:	仕事で叶えたい夢:

その後、「現状の自分」と「未来の自分」を書いていきます。

現状の自分と、天職に就いた未来の自分を見比べ、その間に生じる「ギャップ」を埋めることで、天職により近付きます。また、天職はいくつ選んでも構いません。複数選んだ場合は、天職ごとに④のワークを行ってください。

もしピンとくる仕事が見つからない場合は、自分の興味のある仕事を④のシートに書き込んでみましょう。その仕事が、未来図の①、③の条件を満たしていれば、その仕事があなたの天職である可能性は高いと言えます。

本書で例として挙げている職種は、これまでのクライアントさんが選択しやすかったものを抜粋した職種なので、ここで紹介しきれなかった仕事もたくさんあります。ピンとくる職種が見つけられなかった場合は、「読者限定の個別相談」にも対応しています。詳しくは巻末の「謝辞」をご確認ください。

まとめ

「未来図」を描くことで、現状とのギャップが見えてくる

天職に就くために行いたい2つのこと

いよいよ最後のＳＴＥＰ６となりました。ＳＴＥＰ６では、ＳＴＥＰ５の「未来図」であなたが選んだ**天職に就くために具体的にするべきことがわかります。**

天職に就くためには、２つの準備が必要です。

【天職に就くための準備】
①「ロールモデル・コーチ・チームメイト」を見つける
②天職に就くための就活と離職のポイントを知る

特に重要なのが①の**「ロールモデル・コーチ・チームメイトを見つける」**ことです。診断結果からわかった「自分の天職」でも、その世界に飛び込んでみたら「何か違う」ということは起こります。そうならないためにも、しっかり手順を踏みましょう。

①「ロールモデル・コーチ・チームメイト」を見つける

天職となり得る職業が絞れたら、**「ロールモデル・コーチ・チームメイト」を見つけましょう**。あなたの天職への道を後押ししてくれる「仲間の力」を借りて、天職に関する情報を収集したり、相談に乗ってもらったりします。

なぜ、1人ではなく「仲間」と一緒に行動すべきなのでしょうか。**それは、仲間がいることで、天職に関する「情報」や、就職・副業（起業）するための「ノウハウ」が格段に集まりやすくなり、天職への就職率が大幅にアップするからです**。

自分1人だけでは、得られる情報の量や質が、どうしても限られてしまいます。その結果、天職に就ける確率はダウンしてしまいます。**仲間という「環境の力」を借りることで、難所を突破しようというのが、ここでのポイントです**。

まずは、ロールモデル、コーチ、チームメイトの役割について、理解しましょう。

【天職に就くために必要な3人のサポーター】

ロールモデル　天職で活躍している人
コーチ　天職への就職・起業をサポートする指導者
チームメイト　自分と同じ天職を目指して、ともに頑張る仲間

もう少し詳しく説明します。たとえば、あなたが「経営者」を目指すとしましょう。その場合、次に挙げるようなロールモデル、コーチ、チームメイトを見つけてみてください。これらの存在との関わりを深めることで、天職に関する情報やノウハウが集まり、天職への就職率や副業（起業）の成功率がグンと高まります。

【例　「経営者」を目指す場合】

ロールモデル　スティーブ・ジョブズ（憧れの存在、目標とする存在）
コーチ　経営コンサルタント（具体的に相談できる人）
チームメイト　経営塾の先輩・同期・後輩（励まし合える人）

それぞれとの関わり方には、いくつかのポイントがあります。

●ロールモデル

ロールモデルは、あなたが目指す天職に実際に就いて活躍している（していた）人であり、**「自分が目指すべき方向性を示してくれる存在」**でもあります。将来、自分はどんなふうに活躍したいのか、どんな人物になりたいのかのビジョンについて、ヒントを与えてくれる存在というわけです。

ロールモデルを見つけたら、その人に対して「憧れている部分」を、3つほどピックアップしてください。そうすることで「自分が将来、どうなりたいのか」のビジョンが明確になり、ブレずに天職探しに邁進できます。

【ロールモデルに憧れている部分（「経営者」を目指す場合）】
- ・発想力（常識を覆す、ユニークさ）
- ・経営手腕
- ・プレゼン力

●コーチ

コーチは、「天職」への就職をサポートする指導者です。天職に就くためにやるべきこと、身に付けるべきことなどを教え、就職や起業まで導くキーパーソンです。

ポイントは、ロールモデルに近付くための知識や経験のある「専門家」を探すことです。たとえば、あなたが経営者を目指していて「プレゼン力」をみがきたい場合、プレゼン力に定評のあるコーチに指導を仰ぐという具合です。

このとき、いきなり報酬を支払うのではなく、まずは動画やブログなど、無料で情報を得られるメディアで、その人物の価値観や人となりについて情報収集します。

続いて、本やオンラインコミュニティなど、低価格の商品やサービスを通じて、自分の目標達成に必要なコーチかどうかを見極めてください。

必要と感じたコーチには、個別指導やグループでの指導を申し込みましょう。そして、「エントリーシートの添削」や「面接練習」「開業準備」など、天職に関わるサポートを受けてください。

最初から「この人だ！」と思えるようなコーチに出会える確率は高くありません。

多少失敗しながらでもいいので、気になったコーチがいたら指導を仰いでみるチャレンジ精神が大切です。

●チームメイト

チームメイトは、**自分と同じ天職を目指して、ともに頑張る仲間**です。具体的なアドバイスを求めるというよりは、自分が得た知識や経験、喜びや挫折などの感情を共有する仲間のような存在です。「同僚」や「先輩」、自分が指導する「後輩」がいるとベストです。

天職への道には困難が付きものですが、チームメイトがいることでモチベーションの維持につながります。うまくいかないときの「ガス抜き」もできます。チームメイトは、天職への道において「なくてはならない存在」と言えるでしょう。

ロールモデル、コーチ、チームメイト。それぞれの役割について理解できましたでしょうか。天職に就くための道を1人だけで進むのは簡単ではありません。迷わずに道を突き進めるよう、サポートしてくれる存在が必要です。自己流ではなく、仲間と

一緒に専門家の指導を仰ぎながら、天職を目指したほうが圧倒的に効率的です。
そのために、まずはいくつかのコミュニティに参加してみるのがおすすめです。自分の肌に合ったコミュニティを見つけて、最短距離で天職と出会いましょう。

「ザ・ビートルズ」のメンバーだったジョン・レノンは、次のような名言を残したと言われています。

1人で見る夢は夢でしかない。皆で見る夢は現実となる。

自分1人で夢を叶えるのはとても難しいものです。しかし、仲間と目標を共有し、協力することで、その夢はグンと現実に近付きます。仲間という存在の大きさを再認識させられるひと言です。

ぜひ、ご自身に合った就活コミュニティや転職コミュニティを見つけてください。
もちろん、私のオンラインサロン「COMPASS《コンパス》」への参加も大歓迎です。

②天職に就くための就活と離職のポイントを知る

ここまで来たら、あとは実践あるのみです。
天職を目指して「就職活動」をしましょう。

【就職活動の方法】

・小さな副業から始める
・パートやアルバイトから始める
・「クラウドワークス」や「ココナラ」などの仕事マッチングサイトを使う
・求人サイトや転職サイトに登録して、気になる仕事に応募する
・企業の採用サイトに直接応募する
・転職エージェントに仕事を紹介してもらう
・転職フェアに参加する
・天職で活躍している人に、仕事を紹介してもらう
・企業のリファラル採用(知人からの紹介)枠に応募する

●天職への道はスモールステップ！「副業」から始める

天職に就くには、様々な方法がありますが、最もおすすめなのは、**今の仕事を続けつつ「副業」として小さく始めてみることです**。自分では「天職にできそうだ」と思える職業でも、実際に足を踏み入れてみると「違った」というケースもあるからです。

特に、パートナーやお子さんがいる場合には、多少慎重になってもよいと思います。言うまでもないことですが、生きていくためにはお金が必要だからです。**まずは報酬を気にせず、本業のかたわら、テスト的に働いてみましょう**。そうすると、本当に自分に合った天職かどうかが見えてきます。

副業禁止の会社で働いている方は、「副業を許可してもよい」と会社側が思えるような交渉をしてみるのがおすすめです。たとえば「社会貢献につながる事業」のアピールや「本業に支障をきたさないことを約束する」などです。あなたの前向きな気持ちを知れば、副業を許可してくれるかもしれません。ぜひ、試してみてください。

それでも難しい場合は、一度副業が認められている職場に転職するのも1つの手です。職場を選ぶ基準として、天職に近い職種であることが理想ではありますが、副業

ができることを考えれば、最低限の生活費が稼げることを優先しましょう。

天職に就くまでの間、「副業が禁止でできない」「時間がない」「お金がない」「資格がない」「スキルがない」など、障壁になることはたくさん出てきます。すべての条件が理想的に揃うことはほとんどありません。あなたができることからでよいので、少しずつ行動に移していきましょう。

副業として働く場合、必ずしも数年単位の「お試し期間」は必要ではありません。「石の上にも三年」ということわざがありますが、一般的な職業であれば、3～6カ月も働けば、その仕事の魅力と難しさが理解できます。6カ月以内を目安に、その世界に飛び込むかどうかのジャッジをしてみてください（もちろん、第1章でご紹介した「歌手」のように、長い副業期間を要する仕事もあります。その場合は、数年単位の修業期間が必要でしょう）。

そうした中で、強い没入感や「楽しい！」と感じる瞬間があるならば、その仕事を続けてみてください。これまでのコンサル経験上、1～3種類ほどの副業を経験すれば、自分の天職が見えてくるケースがほとんどです。

10回以上転職しても見つからなかった天職がパーソナルタイプ診断でわかり「就職カウンセラー」に

もちろん、例外と言えるケースもあります。私のサロンにいらっしゃった澤口綾さん（女性・30代）がそうでした。

彼女はアパレルショップの店員やエステティシャン、飲食店のスタッフなど、20代のうちに10を超える数の仕事を経験したそうです。ものすごい行動力であり、**「行動力の鬼」**です。それでも「自分の天職がわからない」ということで、サロンにいらっしゃいました。**私は、これまでの澤口さんの「並外れた行動力」こそ、彼女の天賦《てんぷ》の才能だと思いました**。そして、次のようにアドバイスをしました。

「10回以上も転職活動できるのは、澤口さんの才能です。なかなかできることではありません。行動することが未来を切り拓くことだと理解している澤口さんは素晴らしいです。そこで、澤口さんの場合、一歩を踏み出せない人に、一歩を踏み出す勇気を与えるコーチングを行うとよいのではないでしょうか。澤口さんには『コーチ』にな

れる才能があると思います」

パーソナルタイプ診断でも「プランナー（供給者）」という結果が出たこともあり、**それから澤口さんは、転職や副業をしたいのにスタートを切れない女性たちの背中を押す「就職カウンセラー」として活躍するようになりました**。天職に出会えた澤口さんは、とても充実した毎日を送っているようです。

なお、職人のように「下積みだけで3年」といった職業の場合には、成功している先輩にトコトン話を聞いて、仕事のイメージを膨らませてみてください。話を聞く中で、ワクワクした感情が湧いてきたり、「チャレンジしてみたい！」と心が大きく揺さぶられたりするならば、飛び込む価値は大きいと判断できます。

その仕事を楽しんでいる自分をリアルにイメージできれば、その職業はあなたの「天職」になる可能性がとても高いと言えます。

●今すぐ会社を「踏み台」にしよう！

最後に、転職するにせよ、独立するにせよ、今いる職場だからこそ得られる「恩恵」

を受け取ってから離職することをおすすめします。

たとえば、会社員の場合、安定した収入が得られると見なされるため「住宅ローン」を組みやすくなります。**しかし、個人事業主などは収入の不安定さから、住宅ローンを組めないことが少なくありません**。恋人と結婚してマイホームを手に入れたいといった場合には、住宅ローンを組んでから、転職や独立を検討しましょう。

また、一般企業は「会社の名前」で仕事を獲得することができますが、個人事業主は「個人の名前」で仕事を獲得しなければなりません。仕事を獲得するハードルがグンと高くなります。

そのため、会社員時代になるべく実績やキャリアを積み上げておくことが重要です。あなたの信頼性を高める「セルフブランディング」の材料になり、独立後の成功に大きく寄与します。組織だからこそできる経験、積めるキャリア・実績を、どんどん天職に生かしましょう。

これまで、本書で紹介したノウハウを実践して天職に就いた人がたくさんいます。

・「コンビニのアルバイト店員」→「カフェの経営者」
・「システムエンジニア」→「経営コンサルタント」
・「県庁職員」→「Ｗｅｂデザイナー」
・「不動産営業マン」→「イベントオーガナイザー」
・「腰痛改善の鍼灸師」→「美容サロンオーナー」
・「スーパーのレジスタッフ」→「食育講師」
・「転職を繰り返すジョブホッパー」→「心理カウンセラー」
・「事務職」→「Ｗｅｂマーケター」
・「アパレルショップ店員」→「就職カウンセラー」

あなたも、あなただけの「個性」と「才能」を存分に生かせる天職を見つけて、「転生」と言えるくらいの逆転人生を、ぜひ手に入れてください。

本書を読んだあなたなら、間違いなく、その夢が叶うはずです。健闘を心よりお祈りしています。困ったことがあったら、いつでもご相談ください。

【本書の全6STEPを通じて得られること】

①人生で叶えたい根源的な欲求がわかる
②「パーソナルタイプ」がわかる（性格・得意・苦手・適職）
③自己肯定感が高まる
④天職に就くための「未来図」を描ける
⑤転職活動をともに行う「仲間」が得られる
⑥天職に関するリアルな情報が得られる

↓

自分史上最高の「天職」と出会える！

まとめ

天職への道で大切なのは「環境の力」。仲間と壁を突破しよう！

家賞 贈呈式
星野さん あなたが 好きです！
嬉しい…っ！ 私もケンジくんの こと——
…任務完了
本部に帰還 するわ
ピピッ
了解
ザ…ッ
ユイ!!
やっぱりな
ゼェ
ハァ
お前のことだから どうせ黙って帰る気 だろうと思ってた
…まだ何か用？ 最高の結果 だったんじゃ ないの？
私に一生 感謝することね
もちろん感謝 してるさ
だけど1つだけ 言いたいことがある

オレはもっとユイと一緒にいたい!!

はぁあ!?

何言ってんのよ! アンタは星野かんなと結ばれたかったんでしょ!?

確かにオレはもともと星野さんと結ばれるために天職を探した
だけど…

ユイと出会ってから考え方も生き方も本当に転生したんじゃないかってくらい全部変わったんだ!

「こんなオレにもやれることがある」お前がそう教えてくれた!

だから…!

オレは作家として世界中の人たちに「人は変われるんだ」って伝えたい！
いや違う…天職を見つけたオレが伝えなきゃいけないいんだ!!
そのためにもっとユイの近くでチューナーの仕事を見させてくれ！
…何それ星野かんなのことはどうするのよ…！
せっかく夢が叶ったのに…
星野さんにはオレの本音を全部話した
そしたら彼女は「お互い成長した姿で再会しよう」って言ってくれたんだ
オレはもう自分の気持ちにうそはつかない
ユイと同じように本気で誰かの役に立ちたいんだ
…私について来たら時代や相手によっては危険だってある
それでも平気だなんて言えるの？

もちろんだ！
それに…
どんな世界を歩き回ってもお前が満足できるプリンを作れるのは
ド
オレしかいないだろ－！
……っ
ぷはっ
何作ってんのよ!!
連れてって♥ケンジ
アンタ本当は天職間違ってんじゃないの!?
どっから出したのよ！
こうして――
言っとくけどついて来るならトコトンこき使うから！覚悟しなさい若村賢司！
そっちこそトコトン取材するからな
途中で音《ね》を上げんなよユイ!!
未来の少女ユイとともに作家としてのオレの人生をかけた旅が始まった――！

おわりに

誰もが光り輝く「天職」を持っている

ここまで本書をお読みくださり、ありがとうございました。

私はこれまで、セミナー受講生も含めると4000人以上の方にお会いしてきました。**そうした中で、根深い問題と感じたのが、私たち日本人の「自己肯定感の低さ」です。**

自分には才能がない、個性がないなどと自分を否定し、可能性の芽を自ら摘んでしまっている方が大勢いらっしゃいました。皆さんの話に耳を傾ける度に、**「なぜ、自分の才能や個性に気付かないのだろう。素敵な魅力がたくさんあるのに！」**と歯がゆい思いを幾度となくしてきました。

改めてお伝えしたいのは、**どんな人にも才能や魅力的な個性があって、それを生か**

せる仕事があるということです。

「え、まさか！」と思うかもしれませんが、サラリーマンもりっぱな才能であり、個性です。パーソナルタイプでは「スポンサー（後援者）」や「サポーター（献身家）」に該当する方が多いのですが、誰もがサラリーマンという働き方ができるわけではありません。かくいう私もその1人です。もしも、あなたがサラリーマンという働き方が自分にフィットしているのであれば、そのまま続けることをおすすめします。

しかし、違和感を覚えたり、もっと別の世界をのぞいてみたいと願ったりしているのであれば、別の場所に天職が転がっているかもしれません。本書を通じて、そんなあなたの天職を見つけるお手伝いができたら、これ以上に嬉しいことはありません。

私たちが生きる現代は、あらゆるインフラが整った豊かな時代です。食べ物が豊富にあり、健康長寿が当たり前の世の中になっています。年齢に関係なく「元気なうちはいつまでも働く」というライフスタイルが定着するのも時間の問題だと私は考えています。だからこそ、誰もが1人残らず、天職を見つけるべきだと思うのです。

何より、自分に合った仕事は、私たちの人生に彩りと幸福感をもたらしてくれます。**一生を通じて、追いかけ続けたい仕事、それが「天職」です。天職と出会えたとき、あなたは今よりももっと幸福で充実した人生を歩むことができるでしょう。**

本書の漫画の主人公・賢司も同じです。食品メーカーの営業マンとしては思うような成績を残せませんでしたが、小説家という天職が見つかったことで、大きく羽ばたいています。

置かれた場所で能力を生かせないのなら、生かせる場所を探す――。

それが、天職と出会うために大切にしたいことです。

そして、天職探しでは、**自分が主体となって、積極的に行動することを心がけてください**。「自分の手で天職を見つけ出すんだ！」と強く思わない限り、天職は見つかりません。そのためには、自分自身としっかり向き合う必要があります。

とはいえ、自力でなにもかも頑張る必要はありません。大切なのは、頼れる仲間と

出会うことです。正しい道へと導いてくれる仲間たちとの出会いが、あなたの人生を劇的に変えてくれるでしょう。何事も「環境」の力が8割です。

あなたが転生レベルの「天職」を見つけることを、心より応援しています。

2024年5月　安廣 重伸

謝辞

　本書は、本当にたくさんの方のご協力によって、みなさんに届けることができました。ここですべての方のお名前を挙げることはできませんが、特に私の中で感謝をお伝えしたい方を、挙げさせていただければと思います。

　出版プロデュースをしていただいた、天才工場の吉田浩社長はじめスタッフの皆さま、直接お世話になりました編集者の塚本佳子さん、成川さやかさん、イラストレーターの松野実さん、ＫＡＤＯＫＡＷＡ編集長の河村伸治さん。原稿の細かな手直しに何度も応えていただき、本当にありがとうございました。おかげさまで、私の想像をはるかに超える素敵な本を作ることができました。もしまた出版する機会が得られましたら、そのときはぜひお力添えいただけたら嬉しいです。

　ライフプロデューサーの公庄直人社長・経営コンサルタントの森本直社長・かめだ整体室院長の亀田祐旭先生。私の事業がうまくいかず立ち止まったときに、何度も何度も背中を押してくださり、本当にありがとうございました。作家という活動は、先生方の応援なしでは絶対に挑戦できませんでした。先生方からいただいた「成幸《せいこう》のバ

トン」を、今度は私がほかの方に渡せるように、いっそう精進したいと思います。引き続きよろしくお願いいたします。

オンラインサロンＣＯＭＰＡＳＳのメンバー。この本は、みんなの声やアンケート、活動報告がなければ、絶対に作れなかった本です。メンバー全員で作った本だと思っています。全員の名前を挙げたいくらい感謝しています。これからも全員で高め合っていけたら嬉しいです！

誰より近くで支えてくれた、妻の美也子。独立したての頃は、本当に苦労をかけ続けました。それでも、美也子が応援し続けてくれたおかげで、夢を叶えることができました。心の底から感謝しています。わがままばかりの夫ですが、必ず幸せにします。引き続きよろしくお願いします。

最後に、何よりもこの本を読んでくださった、あなたへ。

この本は、たくさんの方の役に立つと信じて作ってきましたが、途中悩むこともありました。それでも作り続けられたのは、こうして読んでくれる方がいるからです。数ある本の中から本書を選んでくださったことに、心から感謝申し上げます。

本書の内容は、なるべく実践しやすいように工夫をしましたが、それでも実際に行動するのには、とても勇気やエネルギーが必要だと思います。そこで、ここまで読んでくださったあなたのためにプレゼントを用意しました。

私の公式ＬＩＮＥ（https://lin.ee/tNRYHU1）でお友だち追加をして「今すぐ天職」とメッセージを送っていただいた方に、個別相談やセミナーの特別招待券などをご用意したいと思います（※２０２4年5月時点。予告なく終了する場合があります）。ぜひ、天職探しのサポートとしてご活用いただければと思います。

本書を読んで、もしわからないことや不安があれば、私に直接ご連絡ください。実は、本書の作成時点での最年少のクライアントさんは「中学生」です。学生であっても悩んでいる方は数多くいますし、天職診断は何歳からでも受けていただけます。現在の職業も一切関係ありません。１人でも多くの方とご縁をいただければと思いますので、ご連絡をお待ちしています。

最後まで読んでいただき、本当にありがとうございました。あなたが天職を見つけ、人生がよりよい方向に進むことを、心から願っています。

Special Thanks

朝野 晴菜　様
有泉 三和子　様
石井 秀一朗　様
板谷 直希　様
宇原 理紗　様
遠藤 馨　様
加藤 恭敬　様
金田 武範　様
亀田 祐旭　様
喜瀬 守貴　様
清藤 琴衣　様
熊野 陽子　様
坂口 貴則　様
佐川 大輔・美帆　様
杉山 京介　様
鈴木 颯人　様
鈴木 真央　様
田尾 潤一　様
高杉 智也　様
田村 健　様
千綿 寛美　様
長嶋 雄太・麻里香　様
成澤 穂乃佳　様
西嶋 太貴　様
長谷川 勝哉・温未・新　様
長谷川 貴亮・絢香・瑚采　様
羽鳥 辰麻・眞佑加　様
馬場 百実　様
星野 湧也　様
本間 晃平・恵里　様
三神 崇人・玲奈　様
水澤 悠　様
宮城 知佳　様
村井 純平　様
村上 千紗　様
山路 健太郎　様
山下 遼　様

(50音順)

安廣重伸（やすひろ しげのぶ）

1987年、東京生まれ。学生時代、自身のケガをきっかけに医学を学び始め、理学療法士となる。29歳で整体院を開業。翌年には年収1000万円を達成し、後進育成のために経営コンサルティングを開始。4000人を支援してきた経験から、「本人の才能に合った働き方こそ、健康な心身と幸せな人生をもたらす」と確信し、「天職診断システム」を開発。現在は天職コンサルタントとして「オンラインサロンCOMPASS」を運営。全国のビジネスパーソンや自営業者、主婦などに向けて、本人の才能に合った転職・副業・起業をサポートしている。

HP：https://desire-inc-llc.site/
LINE：https://lin.ee/tNRYHU1

今《いま》すぐ会社《かいしゃ》を辞《や》めたい人《ひと》の天職診断《てんしょくしんだん》

パーソナルタイプから導《みちび》く隠《かく》れた才能《さいのう》の見《み》つけ方《かた》

2024年5月13日　初版発行

著　者／安廣重伸《やすひろしげのぶ》
発行者／山下直久
発　行／株式会社KADOKAWA
〒102-8177　東京都千代田区富士見2-13-3
電話 0570-002-301（ナビダイヤル）
印刷所／TOPPAN株式会社
製本所／TOPPAN株式会社

●お問い合わせ
https://www.kadokawa.co.jp/（「お問い合わせ」へお進みください）
※内容によっては、お答えできない場合があります。
※サポートは日本国内のみとさせていただきます。
※Japanese text only
定価はカバーに表示してあります。

ISBN 978-4-04-606580-3　C0030